Gerhard Prause

TRATSCHKES LEXIKON FÜR BESSERWISSER

Dichtung und Wahrheit in der Weltgeschichte

nymphenburger

2. Auflage

Umschlaggestaltung: Manfred B. Limmroth, Hamburg
Typographie und Layout: Manfred B. Limmroth
und Andrea Bunsen, Hamburg
Satz: Filmsatz Schröter GmbH, München
Gesetzt aus 10/12 Punkt Garamond auf Linotron 202
Druck und Binden: Ebner Ulm
Printed in Germany 1984
ISBN 3-485-00461-8

VORWORT

... um es besser,
bestenfalls richtig zu wissen

Elektrizität, so heißt es in einschlägigen Nachschlagewerken, wurde erst in der Neuzeit erkannt und genutzt. In Wahrheit aber benutzten die Parther schon vor zwei Jahrtausenden elektrischen Strom, den sie mit Batterien erzeugten; viele solcher Batterien wurden bei Ausgrabungen gefunden.

Daß Martin Luther seine Ablaßthesen an die Tür der Wittenberger Schloßkirche angeschlagen habe, wird zwar immer wieder behauptet, ist aber durch nichts belegt. Es dürfte eine Legende sein; der Reformator selber hat den Hergang jedenfalls anders dargestellt.

Ein weitverbreiteter Irrtum ist, daß den Hexenverbrennungen nur Frauen zum Opfer gefallen seien. Tatsächlich wurden auch Tausende von Männern als »Hexer« verbrannt, und sogar Kinder wurden – als »Brut des Satans« – ins Feuer geworfen. Ein anderer Irrtum besteht darin, an jenem Hexenwahn vor allem den abergläubischen, ungebildeten Volksmassen die Schuld zu geben; in Wahrheit waren es Wissenschaftler, Professoren der Theologie, der Philosophie, der Juristerei, der Medizin, die in »Gutachten« die Existenz von Hexen und Hexern und die Notwendigkeit ihrer Verbrennung »nachwiesen«.

Nicht mehr zu tilgen aus Geschichts- und Schulbüchern ist die Vorstellung, die Guillotine heiße nach ihrem Erfinder, dem französischen Arzt Dr. Guillotin. Aber Dr. Guillotin hat die Köpfmaschine lediglich empfohlen; zu jener Zeit war sie in England und in Deutschland längst im Gebrauch.

Seit Jahrhunderten gilt die berühmte Laokoon-Gruppe im Vatikan vielen Kunsthistorikern als das Kunstwerk schlechthin. Seit kurzem aber gilt es als sicher, daß die Laokoon-Gruppe kein Original ist; sie wurde einer sehr viel älteren Bronzeplastik in Marmor nachgebildet.

Das sind fünf Beispiele von über fünfzig Ereignissen, Ansichten, Behauptungen, die in »Tratschkes Lexikon für Besserwisser« korrigiert werden. Es sind Korrekturen von allgemein bekannten Geschehnissen oder Dingen oder Zitaten, die jedermann zu kennen meint, die aber in Wahrheit ganz anders waren (beziehungsweise sind), als sie sich dem allgemeinen Bewußtsein eingeprägt haben.

Obwohl in der Forschung längst korrigiert, werden sie immer wieder in der weithin bekannten, aber entstellten, oft nur erdichteten, manchmal bewußt verfälschten Form weiter erzählt, beschrieben, zitiert. Das kann weitreichende, vielleicht verhängnisvolle Folgen haben. Es kann zu weiteren Fälschungen führen, zu Fehlurteilen, zu politischen Ansprüchen. Falsche Maßstäbe entstanden beispielsweise, indem immer wieder behauptet wurde (und ja noch behauptet wird), daß bei den antiken Olympischen Spielen nur Amateure gekämpft hätten und daß es ihnen dabei nur um die Ehre, aber nie ums Geld gegangen sei, während die modernen Spiele, überhaupt der moderne Sport wie ganz besonders Fußball, durch Geld und Profitum kaputt gemacht werde. In Wahrheit aber nahmen an den antiken Sportspielen niemals Amateure teil – Amateure gab es gar nicht –, sondern nur Berufssportler, und ihnen ging es vor allem ums große Geld.

Solche Fehldeutungen, die aus mangelhafter Information erwachsen, zu verhindern, dazu könnte »Tratschkes*) Lexikon für Besserwisser« vielleicht ein wenig beitragen. Es könnte helfen, kritischer zu sehen, Dichtung und Wahrheit in Geschichte und Gegenwart, überhaupt im Leben, deutlicher zu unterscheiden, so daß man nicht mehr auf alles hereinfällt, was einem als Wahrheit verkauft wird. Aber es kann auch einfach nur amüsant sein, dies und jenes »besser« zu wissen, besser als es oft noch in Schulbüchern und sogar in angesehenen Lexika behauptet wird, bestenfalls sogar richtig. *Gerhard Prause*

*) Unter diesem Pseudonym läuft seit vielen Jahren in der ZEIT meine Reihe »Tratschke fragt: Wer war's?« Auch das »Lexikon für Besserwisser« lief in der ZEIT unter Tratschke.

Und wieder
für Brett,
Christiane,
Axel
und Nicola

INHALT

Das Kolosseum in Rom (auf obigem Bild als Ruine, unten rekonstruiert) war das größte Amphitheater. Das Gußmauerwerk war ganz mit Marmor verkleidet

A

wie Amphitheater: Friedliche Löwen und gelehrige Elefanten

Wenn von Amphitheatern aus der Zeit des Römischen Reiches die Rede ist, etwa vom berühmten Kolosseum in Rom, das mit 45000 Sitz- und 5000 Stehplätzen 50000 Zuschauern Platz bot (in seiner letzten Form, die 80 n. Chr. fertig wurde), aber auch von Amphitheatern jener Zeit in vielen anderen Städten, Ländern beziehungsweise Provinzen, dem ältesten in Pompeji, anderen in Frankreich (Nimes), Deutschland (Trier), Nordafrika, Kleinasien und sogar in Jerusalem, wo Herodes eines hatte bauen lassen, dann werden fast immer nur entsetzliche Greuel geschildert, grausame Tierhetzen und Hinrichtungen zum Tode verurteilter Verbrecher oder unschuldiger Christen durch wilde Tiere.

Nun soll dies nicht etwa bestritten werden. Wirklich fanden in den Amphitheatern Gladiatorenkämpfe gegen wilde Tiere statt, auch Verurteilungen »ad bestias«, und solche nervenkitzelnden Vorführungen waren beim Publikum überaus beliebt, so wie ja noch heute Stierkämpfe in spanischen Arenen. Ihre Beliebtheit war sogar derart groß, daß auch Angehörige der besten Gesellschaft nicht nur gerne zusahen, sondern einige sich höchst aktiv an den Kämpfen beteiligten.

Zu ihnen gehörte zum Beispiel Commodus, der Sohn des philosophischen Kaisers Marc Aurel (zu dessen großen Kummer übrigens). Commodus, der von 180 bis 192 Kaiser war, hatte den Ehrgeiz, als Roms stärkster Mann zu gelten. Er soll – aber alle Zahlen antiker Schriftsteller müssen grundsätzlich mit größter Vorsicht behandelt werden – tausendmal in der Arena gekämpft haben, davon 355mal noch während der Regierungszeit seines Vaters. Dabei ging es ihm immer auch ums Geld. Für jeden Kampf soll er sich aus der Gladiatorenkasse eine halbe Million Sesterzen anweisen lassen haben. Auf seine Siege in Tierkämpfen war Commodus besonders stolz. Der griechische Historiker Cassius Dio berichtete als Augenzeuge, daß Commodus einmal an einem Tag eigenhändig fünf Nilpferde und an anderen Tagen zwei Elefanten und mehrere Nashörner getötet habe.

Nochmals: es soll nicht etwa bezweifelt werden, daß solche Tierkämpfe stattfanden, auch Tierhetzen, bei denen alle möglichen Tiere gegeneinander gehetzt wurden, und ebensowenig sollen die Hinrichtungen »ad bestias« bestritten werden. Aber immer ist bei den Schilderungen von Tierhetzen, Tierkämpfen und Hinrichtungen durch Tiere auch

Neuzeitliche Phantasiedarstellung von antiken Tierhetzen im alten Rom

Skepsis angebracht. Denn oft – vor allem bei frühchristlichen Schriftstellern – entstanden sie in der tendenziös übertreibenden Absicht, den sittlichen Verfall römischer Kultur zu zeigen.

Und um dies richtig einordnen zu können, sollte man auch um die Anfänge der Tierdarstellungen wissen, bei denen es einzig darum ging, exotische Tiere vorzuführen, die oft unter größten Schwierigkeiten gefangen und nach Rom gebracht worden waren. Zum Beispiel Krokodile, Nilpferde, Giraffen, Strauße, Löwen, Tiger, Elefanten, Rhinozerosse, seltene Affenarten, Luchse aus Gallien, Nashörner. Zum Töten waren sie viel zu wertvoll. Kaiser Augustus hatte – nach eigener Aussage – »große Freude an der Gestalt unbekannter Tiere«. Und wenn auch schon zu seiner Zeit Todesurteile »ad bestias« eingeführt wurden, die allerdings den Verurteilten immer auch eine Überlebenschance ließen, so sind sie doch erst in späterer Zeit wirklich angewandt worden.

Der Schriftsteller Plutarch (50 bis 125 n. Chr.) hat die offenbar noch zu seiner Zeit sehr beliebten Tierschauen im Kolosseum beschrieben und dabei besonders auf die Klugheit und Gelehrigkeit der Tiere hingewiesen: Wilde Stiere ließen Knaben auf ihren Rücken tanzen und turnen, standen auf den Hinterfüßen, zeigten zusammen mit Pferden Kunststücke im Wasser, standen auf schnellfahrenden Zweigespannen wie Wagenlenker. Ebenso wurden Seehunde zu allen möglichen Vorführungen abgerichtet, auch Hirsche und Antilopen, Affen und Hunde; es wurden Löwen vorgeführt, die in der Arena Hasen fingen, sie aber nicht töten durften, sondern sie so sanft zwischen den Zähnen hielten, daß ihnen nichts geschah, und auf ein Zeichen des Dompteurs mußten die Löwen ihre Beute wieder laufen lassen. Und so wurden auch Panther, Bären, Wölfe gezähmt und vorgeführt.

Besonders beliebt scheinen Vorführungen mit Elefanten gewesen zu sein. Es wird beschrieben, wie die Tiere sich auf die Knie niederließen, wie sie Tänze aufführten, zu denen einer von ihnen eine Zymbel schlug, wie sie sich zu Tisch legten, wie sie mit dem Rüssel griechische und lateinische Schriftzeichen in den Sand der Arena zeichneten. Von der Klugheit und dem Lerneifer der Elefanten hielten die Römer sehr viel. Der Naturwissenschaftler Plinius, der im ersten nachchristlichen Jahrhundert lebte, wußte dafür folgendes Beispiel anzuführen: Als einmal mehrere Elefanten zusammen abgerichtet wurden, war einer darunter, schrieb Plinius, der zum Lernen einen »langsamen Geist« hatte, weswegen er mehr als seine Kollegen mit Schlägen bedroht wurde. Eines Nachts konnte er beobachtet werden, wie er sich selbst das Lernpensum einzuüben versuchte.

Mit der Zeit hat die Vorführung so friedlich dressierter Tiere an Reiz verloren. Vielen, von Zeit zu Zeit allzu vielen, wird eben Friedliches irgendwann schlicht zu langweilig.

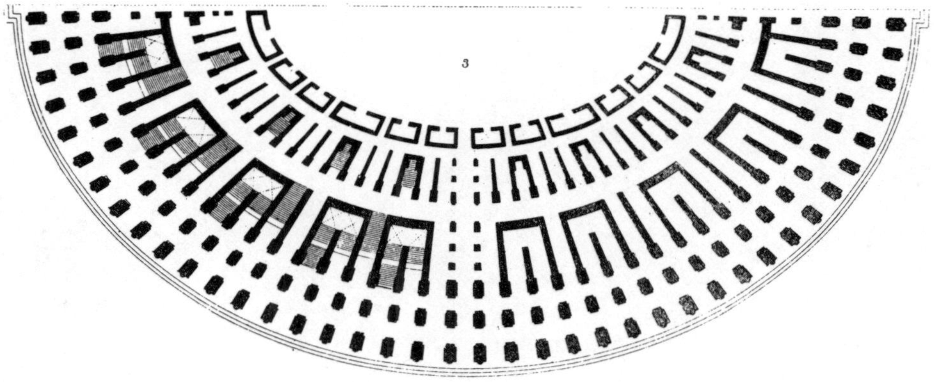

Halber Grundriß des Kolosseums, das auf sieben Pfeilerringen stand

Ägyptische Bauarbeiter, dargestellt in einer Grabanlage

A wie Arbeit: Luther irrte sich, als er sie »köstlich« nannte

Immer schon haben Menschen arbeiten müssen, und immer empfanden viele die Arbeit als Last, als Mühsal und Plage, zu denen Gott den Menschen verfluchte, als er Adam und Eva nach dem Sündenfall aus dem Paradies, dem Dasein ewigen sorglosen Nichtstuns, verstieß: »Verflucht sei der Acker um deinetwillen, mit Kummer sollst du dich drauf nähren dein Leben lang. Dornen und Disteln soll er dir tragen, und sollst das Kraut auf dem Felde essen. Im Schweiß deines Angesichts sollst du dein Brot essen...« (1. Mose, 3. Kap., 17–19; Luther-Bibel).

Doch ein anderes Bibelwort, drei Verse aus dem 90. Psalm, scheint uns zu lehren, daß Arbeit keineswegs Plage und bittere Mühsal, sondern etwas Köstliches sei. Und diese Psalmenverse wurden – zumindest in deutschen evangelischen Landen – zu einem der beliebtesten und meist zitierten Bibelworte: »Unser Leben währet siebenzig Jahre, und wenn's hoch kommt, so sind's achtzig Jahre, und wenn's köstlich gewesen ist, so ist's Mühe und Arbeit gewesen...«

So jedenfalls hat → Luther (vor viereinhalb Jahrhunderten) den Psalmisten übersetzt. Aber er hat falsch oder zumindest ungenau übersetzt, so daß er falsch interpretiert werden konnte. In Wahrheit meint der Psalmist gerade das Gegenteil, nämlich daß das ganze menschliche Leben nichts anderes als Mühsal und Plage ist, selbst das noch, was dem Menschen in seinem kurzen Dasein köstlich erschienen sein mag. Aber immer wieder wird die Stelle, nur weil Luther das kleine Wörtchen »selbst« oder »auch« fehlen ließ (oder es für überflüssig hielt), falsch interpretiert. Dabei wurde die Luther-Übersetzung inzwischen mehrmals korrigiert beziehungsweise präzisiert. So von H.-J. Kraus in seiner Psalmenübersetzung von 1960:

»Die Zahl unserer Jahre ist siebenzig Jahr, und wenn es hochkommt, achtzig Jahr. Und ihr Gepräge ist Mühsal und Trug!«

Oder – deutlicher – P. Schulz (1978): »... und selbst das Köstliche daran ist nur Elend und Trug.« – Im »Theologischen Begriffslexikon zum Neuen Testament« (3. Aufl. 1972) zitieren M. Seitz und H.-G. Link: »Das meiste (unseres Lebens) ist Mühsal und Beschwerde«. – Schon in der Zürcher Bibel (1907 bis 1931) heißt es: »... und das meiste daran ist Mühsal und Beschwer«. – Die 1979 erschienene »Einheitsübersetzung« der Bibel formuliert: »Das Beste daran ist nur Mühsal und Beschwer,/rasch geht es vorbei, wir fliegen dahin...« – Und in der korrigierten Luther-Bibel heißt es (seit 1965) ganz unmißverständlich:

»Unser Leben währet siebzig Jahr, und wenn es hochkommt, so sind es achtzig Jahre, und was daran köstlich scheint, ist doch nur vergebliche Mühe...«

Was der Psalmist, in Israels Spätzeit, zum Ausdruck brachte, waren Lebenspessimismus und Resignation. Erst auf diesem Hintergrund wird das Anwachsen der eschatologischen Hoffnung auf den Anbruch der seit langem prophezeiten Heilszeit verständlich. Die erwartete Heilszeit wird sich nicht zuletzt auch dadurch auszeichnen, daß sich die Menschen nicht mehr vergeblich zu mühen brauchen. Denn in ihr wird alles Elend des Lebens überwunden sein.

Man braucht nur einmal den ganzen 90. Psalm im Zusammenhang zu lesen, um zu erkennen, daß die Luther folgende (oder ihn mißverstehende) Interpretation unhaltbar ist. Dieses sogenannte »Gebet Moses, des Mannes Gottes« enthält die bittere Klage über die Vergänglichkeit des Menschen und sein kurzes, mühseliges Leben: »All unsere Jahre gehn hin unter deinem Zorn, wir beenden unsere Jahre wie einen Seufzer...« Und es gipfelt in der Bitte (so die Einheitsübersetzung): »Herr, wende Dich uns doch endlich zu!/Hab Mitleid mit deinen Knechten!/Sättige uns am Morgen mit deiner Huld!/Dann wollen wir jubeln und uns freuen all unsere Tage.« Ja, dann! Aber nicht jetzt, da die Menschen noch immer unter dem Elend, dem Trug, der Last des Sich-Abarbeitens leiden und in ihrem Leben selbst das Köstliche in Wahrheit nichts als vergebliche Mühe ist.

A wie Archimedes: Brennspiegel hätten Roms Flotte kaum gestört

In Syrakus auf Sizilien erzählen Reiseführer den Touristen noch heute, wie dort vor mehr als zwei Jahrtausenden, genau im Jahr 212 v. Chr., während des Zweiten Punischen Krieges, eine die Stadt angreifende römische Flotte auf raffinierte Weise vernichtet worden sei, noch ehe sie richtig zum Einsatz kam: Der berühmte in Syrakus lebende griechische Mathematiker und Mechaniker Archimedes habe die Schiffe von Land aus mit riesigen Brennspiegeln in Brand gesetzt; von den sechzig Fünfruderern unter Führung des römischen Konsuls Marcus Claudius Marcellus sei kein einziger entkommen.

Die meisten Historiker haben diese allgemein bekannte Erzählung als Legende abgetan. Aber es hat immer wieder auch andere gegeben, die die Geschichten für wahr oder zumindest für möglich hielten. Denn daß Brennspiegel zu jener Zeit bekannt waren, ist nicht zu bezweifeln. Erlosch in Rom ein heiliges Feuer, so wurde es, wie Plutarch berichtet, gewöhnlich mit Hilfe bronzener oder silberner Brennspiegel oder mit Hilfe von Brenngläsern entzündet. Funde aus dem Palast des Assurbanipal in Ninive beweisen, daß Brenngläser schon 640 v. Chr. benutzt wurden und entweder aus Bergkristall oder aus Glas hergestellt wurden. Aber es ist natürlich ein gewaltiger Unterschied, ob auf diese Weise etwas leicht Brennbares aus nächster Entfernung und in aller Ruhe entzündet wird, oder ob auf dem Wasser dümpelnde Schiffe aus weiter Entfernung entflammt werden sollen.

Wie erfolgreich sich die Syrakusier gegen die römische Flotte zur Wehr setzten, und zwar unter Einsatz der von Archimedes konstruierten Verteidigungsmaschinen, hat um 100 n. Chr. der Historiker Plutarch in seiner Marcellus-Biographie geschildert. Da heißt es: »Als Archimedes seine Maschinen spielen ließ, da ... erhoben sich gegen die Schiffe über den Mauern plötzlich Kräne, die entweder schwere Lasten

Mit Brennspiegeln der Antike waren Schiffe nicht in Brand zu setzen

von oben auf sie niederfallen ließen und sie so in die Tiefe versenkten, oder sie mit eisernen Händen oder Haken in Form von Kranichschnäbeln am Bug erfaßten, sie hochhoben und senkrecht, das Heck voran, ins Meer stürzten, oder sie mit starken Trossen, die innen angezogen und aufgerollt wurden, gegen die unter den Mauern emporragenden Felsen und Klippen schmetterten, so daß sie unter starken Verlusten für die Besatzung in Stücke gingen. Oft war es da ein schauriger Anblick, wenn ein Schiff, hoch aus der See emporgehoben, hin und her baumelte und dahing, bis die Mannschaft abgeschüttelt oder weggeschleudert war und es leer gegen die Mauern prallte oder, wenn der Griff des Hakens nachließ, hinabstürzte.«

Auch erzählte Plutarch von gewaltigen Steinen, die gegen die Schiffe geschleudert wurden. Von Brennspiegeln und von Feuer berichtete er jedoch nichts. Auch bei dem etwa gleichzeitig schreibenden Livius und bei dem rund 100 Jahre früher lebenden Polybios, die beide sehr ausführlich die Verdienste des Archimedes bei der Verteidigung von Syrakus schilderten, ist von Spiegeln nicht die Rede.

Die Geschichte von den Brennspiegeln scheint erst sieben Jahrhunderte nach dem Kampf um Syrakus (der 212 mit dem Sieg der Römer endete, wobei Archimedes von einem Soldaten erschlagen worden sein soll) aufgekommen zu sein. Jedenfalls wird sie zuerst bei Anthemios von Tralles erwähnt, der als Mathematiker und Architekt in Konstantinopel arbeitete, wo er mit Isodorus aus Milet die Hagia Sophia erbaute beziehungsweise entwarf (532 bis 537). Anthemios verfaßte auch ein Werk über Hohl- und Brennspiegel. Darin erwähnte er die Geschichte von Archimedes.

Ausführlicher beschrieben wurde sie jedoch erst nach weiteren sechs Jahrhunderten, und zwar in der Weltchronik des um 1200 in Konstantinopel lebenden Mönchs Johannes Zonaras und im Werk des etwas jüngeren byzantinischen Dichters Johannes Tzetzes. Aber wie die Spiegel funktionierten, wie viele es waren, wie groß, aus welchem Material sie bestanden, ob es Parabolspiegel oder viele plane Spiegel waren, das wurde nicht gesagt.

1747 kam der französische Naturwissenschaftler G.-L. Buffon auf den Gedanken, die Geschichte experimentell anzugehen. Das ist danach mehrmals versucht worden, zuletzt 1975 von dem griechischen Ingenieur I. Sakkas. Ihm gelang es, leicht brennbares Material mit Hilfe gebündelter Sonnenstrahlen über Entfernungen bis zu 100 Metern zu entzünden, aber gewissermaßen unter Laborbedingungen. Er benutzte Spiegel aus 1,70 mal 0,69 m großen planen Glasplatten, die (eingefaßt in Metallrahmen) auf der Rückseite dünn mit Kupfer beschichtet waren. Solche stark reflektierenden Spiegel waren in der Antike nicht bekannt. Aber selbst mit ihnen mußte das Sonnenlicht 30 Sekunden lang genau auf dieselbe Stelle gehalten werden, um genug Hitze zu erzeugen. Erst als Sakkas 70 solcher Spiegel gleichzeitig auf ein hölzernes Ruderboot richten ließ, fing das Boot in wenigen Sekunden Feuer. Aber bei diesem Versuch vor der Küste von Athen ging es um ein einziges, ruhig daliegendes Boot. Vor Syrakus handelte es sich um sehr viele Schiffe, und das Unternehmen hätte bei Tage erfolgen müssen, während die Römer alles beobachten konnten, was die Verteidiger auf ihren Mauern anstellten. Gerade die experimentellen Versuche zeigten durch die großen Schwierigkeiten, daß jene Geschichte von Syrakus eine Legende ist.

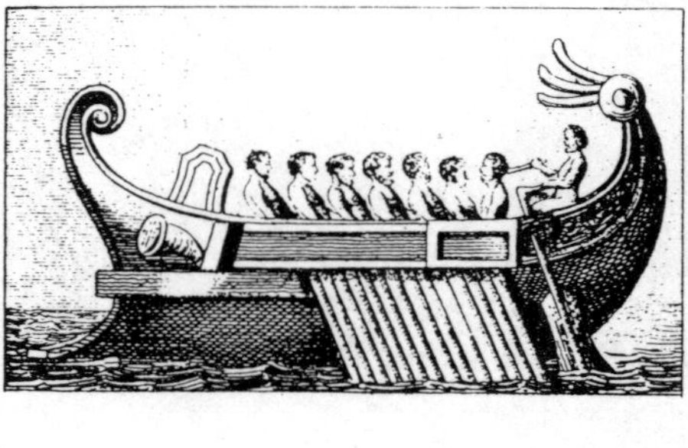

A wie Autobahn: Nicht einmal die Idee stammte von Hitler

Nicht nur ehemalige Anhänger Adolf Hitlers, auch viele, die lediglich meinen, gerecht sein zu sollen, wenn es um die Beurteilung von Hitlers Leistungen geht, argumentieren dann immer wieder gerne mit dem Hinweis, daß Hitler doch immerhin die Autobahnen geschaffen habe. Bewußt oder unbewußt folgen sie damit einer offiziellen nationalsozialistischen Propaganda-Legende, derzufolge Hitler 1924 während seiner Haft in Landsberg die Erleuchtung zu einem Netz kreuzungsfreier Nur-Autostraßen gehabt habe. Aber – so der Zeithistoriker Hans-Joachim Winkler in seiner Broschüre »Legenden um Hitler« (Berlin 1963), dem wir hier folgen – »nicht einmal die Idee der Autobahn stammt von Hitler selbst«.

Zwar hat Hitler, nachdem er 1933 an die Macht gekommen war, das deutsche Autobahnnetz mit Vorrang (vor dem von anderen empfohlenen und wirklich nötigen sozialen Wohnungsbau) realisieren lassen, aber die Vorarbeiten für die später so genannten »Straßen des Führers« hatten andere längst geleistet. Und die unter Hitler gebauten Autobahnen waren keineswegs die ersten. Was es bereits gab und was in der Planung war, hat Hans-Joachim Winkler zusammengestellt:

1. In Berlin gab es seit 1921 die 9,8 Kilometer lange AVUS, begonnen 1912 auf Anregung der »Automobil-Verkehrs- und Übungsstraße GmbH«, nach der sie noch heute heißt. Sie gilt als erste Autobahn der Welt.

2. In den Vereinigten Staaten entstanden seit Beginn der zwanziger Jahre die Highways, autobahnähnliche Schnellstraßen.

3. In Italien baute der Bauunternehmer Puricelli 1923/24 die ersten 130 Kilometer »Autostrada« von Mailand an die lombardischen Seen.

4. In Deutschland diskutierte seit 1924 die »Studiengesellschaft für den Automobilstraßenbau (Stufa)« Autobahnprojekte.

5. 1926 konstituierte sich der »Verein zur Vorbereitung der Autostraße Hansestädte-Frankfurt-Basel (HAFRABA)« und legte 1927 den Entwurf für ein ganzes Autobahnnetz vor (veröffentlicht im UHU-Magazin, April 1927). Dieser Entwurf wurde später von Hitler weitgehend übernommen. Die HAFRABA propagierte auch schon die Bezeichnung »Autobahn«.

6. Seit 1926 wurde die Autobahn Köln-Düsseldorf-Ruhrgebiet geplant und vermessen.

7. 1927 wurde die große Kreuzungsacht der Fernstraße Leipzig-Chemnitz gebaut, zwei Jahre später eine Autobahn zur Umgehung von Chemnitz.

8. Seit Oktober 1927 wurde die Strecke Main-Neckar der geplanten Autobahn Hamburg-Basel bis in die letzten Einzelheiten projektiert. Für den Ausbau fehlte das Geld, und eine Finanzierung durch Benutzergebühren lehnte die Reichsregierung ab.

9. 1931 tagte in Genf der Erste Internationale Autobahnkongreß, gefördert

vom Internationalen Arbeitsamt des Völkerbundes; das Ziel war, durch den Bau von Autobahnen Arbeitsplätze zu beschaffen.

10. Im August 1932 wurde die 20 Kilometer lange Autobahn Köln-Bonn in Betrieb genommen. Sie war gebaut von der Rheinischen Provinzialverwaltung und der Stadt Köln, deren Oberbürgermeister damals Konrad Adenauer war. Teilweise wurde sie zum Zweck der Arbeitsbeschaffung aus Mitteln der produktiven Erwerbslosenfürsorge finanziert.

Das also waren die bereits vor dem Hitler-Reich teils realisierten, teils weitgehend projektierten, teils erst geplanten Autobahnen. Daneben gab es noch weitere Pläne, so für die Strecken Halle-Leipzig und München-Leipzig-Berlin. Und hinzu kam, daß viele Gebietskörperschaften für den Bau von Autobahnen bereits entsprechende Flächen eingeplant hatten.

Im Jahre 1933 wandte sich die HAFRABA mit all ihren Plänen an Hitler, der sofort zugriff. Der Verein wurde »gleichgeschaltet«, und 60 Folianten mit baureifen Plänen wurden von der am 27. Juni 1933 gegründeten Gesellschaft »Reichsautobahnen« übernommen. Knapp drei Monate später, am 23. September 1933, tat Hitler bei Frankfurt am Main den ersten Spatenstich für das Reichsautobahnnetz. Daß bis Ende 1938 von den geplanten 6900 Kilometern 3000 fertiggestellt wurden, war zwar eine große technische Leistung, aber ohne die übernommenen Vorarbeiten wäre sie nicht möglich gewesen.

Die während der Weimarer Republik geschaffenen Vorarbeiten wurden in der nun einsetzenden Propaganda verschwiegen. Von da an war nur noch von der »genialen Idee« des Führers und von den »Straßen des Führers« die Rede, über die es in einem Buch über Deutschlands Autobahnen aus dem Jahr 1937 hieß: »Die Straßen Adolf Hitlers sind in ihrem Charakter deutsch, wie die Landschaften, welche sie durchziehen. Der deutschen Wesensart entsprechend müssen sie daher auch gebaut werden.« Und in einem anderen Buch wurde ihr Bau dem Bau von Domen gleichgesetzt.

Eigentlich waren sie damals für die armen Deutschen ein überflüssiger Luxus; auf 100 Einwohner kam 1932 in Deutschland 1 Kraftfahrzeug (zur selben Zeit in den USA 1 Kraftfahrzeug auf 5 Einwohner). Aber Hitler hat den Autobahnbau für sich und sein System propagandistisch ausgenutzt. Mit den Autobahnen setzte er sich ein Denkmal, das noch heute von vielen anerkannt wird.

Übrigens: Finanziert wurde der Bau zu fast 60 Prozent aus dem Stock der »Reichsanstalt für Arbeitsvermittlung und Arbeitslosenversicherung«, in der Hoffnung, daß es Arbeitslose in Deutschland bald nicht mehr geben werde.

Die Bastille, ursprünglich eine turmartige Festung, dann ein achttürmiges Schloß, das zuletzt als Gefängnis diente, stand seit 1784 auf der Abbruchliste

B

wie Bastille: Der berühmte Sturm ist eine Legende

Jahr für Jahr am 14. Juli feiern die Franzosen ihr wohl beliebtestes Fest, ihren nationalen Feiertag, voller Ausgelassenheit und mit Tanz auf den Straßen bis tief in die Nacht. Der 14. Juli ist der Jahrestag des Sturms auf die Bastille, jenes einstmals so verhaßten »Bollwerks des Despotismus«, mit dem 1789 die Französische Revolution begann, die das Zeitalter des Despotismus beendete und den Menschen Freiheit, Gleichheit und Brüderlichkeit versprach.

Wer in Allerweltsdarstellungen nachliest, was am 14. Juli 1789 geschehen sein soll, der erfährt, wie die 15 Kanonen der Bastille unentwegt auf das Volk feuerten und zahlreiche Opfer forderten. Von nahezu hundert Toten liest er und ebensovielen Verwundeten. Er erfährt von einem mehrstündigen erbitterten Gewehrfeuer und von einer Mauerbresche, durch die das Volk in die verhaßte Zwingburg hineinstürmte, um die in den Kerkern schmachtenden Gefangenen, die unschuldigen Opfer der Tyrannei, zu befreien, die dann als »Märtyrer des Königsdespotismus« im Triumph durch die Straßen von Paris geführt wurden. Und sicher liest er auch von den Siegern, den Helden oder – das war später ihr offizieller Titel – den »Erstürmern der Bastille«. 863 Bürger waren berechtigt, diesen Titel zu führen, mit dem der Bezug einer Ehrenrente verbunden war. Einige von ihnen müssen uralt geworden sein; noch im Budget von 1874 werden solche Renten angeführt.

Aber in Wahrheit war alles ganz anders gewesen. In Wahrheit hat es einen Sturm auf die Bastille gar nicht gegeben. Einer ihrer berühmtesten »Erstürmer«, ein Offizier namens Elie aus dem Regiment »Königin«, gab zu: »Die Bastille wurde nicht mit Gewalt erstürmt; sie hat kapituliert, ehe sie angegriffen wurde«. Dieser Elie und der Schweizer Bürger Hulin, der dasselbe aussagte, waren die ersten, die bei dem später so genannten Sturm die Festung betraten. Hulin wurde später General und war 1806, unter Napoleon, Stadtkommandant von Berlin. Auch der Unteroffizier de Flévilles, der zur Bastille-Besatzung gehörte (die übrigens nur aus Invaliden bestand), gab an, »daß die Bastille nie im Sturm genommen worden ist«. Und dies bestätigten auch andere befragte Teilnehmer und Augenzeugen.

Die Befragungen erfolgten im Rahmen einer sehr bald nach dem »Sturm« von offizieller Seite veranstalteten Untersuchung. Obwohl deren Ergebnis den eigentlichen Intentionen der Revolutionsregierung, die ja revolutionäres Volksheldentum dokumentiert wissen wollte, strikt zuwiderlief, wurde sie noch im selben Jahr veröffentlicht und erschien schon 1789 auch in Deutschland. Die Untersuchung war Teil einer Gesamtveröffentlichung des Bastille-Archivs, die im Auftrag des Ständigen Ausschusses erfolgte. Ziel war – wie die Herausgeber im Vorwort zur ersten Lieferung sagten – »eine Sammlung von Beweisen und Beispielen eines grausamen Verfahrens, dessen der ministeriale Despotismus sich unaufhörlich schuldig gemacht hat«, offenzulegen.

Aber es kam das genaue Gegenteil heraus, nämlich daß die Behandlung der Bastille-Häftlinge durchweg korrekt gewesen war. Die Bastille, ursprünglich eine Festung, dann als Gefängnis benutzt, war eigentlich immer eine Art Luxus-Gefängnis für Leute von Stand gewesen. Als die Herausgeber des Archivs dies nun erkannten, haben sie die Veröffentlichung nicht etwa abgebrochen. Ihnen ging es wirklich allein um die Wahrheit. Und so haben gerade sie die ins Grauenhafte übertriebenen Memoirendarstellungen einiger ehemaliger Häftlinge als Lügen entlarvt.

Und sie haben – ebenfalls bereits 1789 – die Legende vom Sturm auf die Bastille widerlegt. Das geschah in der zweiten Lieferung: »Unser vornehmster Endzweck in dieser zweiten Lieferung ist gewesen, die Authentizität aller auf die Einnahme der Bastille sich beziehenden Tatsachen zu bestätigen. Wir haben keine Nachforschungen unterlassen, um zur Wahrheit zu gelangen. Alles ist auf das gewissenhafteste untersucht und zu Rate gezogen worden. Die Besatzung der Bastille, die Invaliden, die Kerkermeister, die Gefangenen, die Belagerer, die Belagerten, alle sind befragt worden ...« Und das Ergebnis: »Die Bastille ist nicht durch Sturm eingenommen, sondern die Tore sind durch die Besatzung geöffnet worden. Diese Tatsachen sind gewiß und können nicht in Zweifel gezogen werden.«

Übrigens ging es den Aufständischen auch keineswegs – wie hingegen später behauptet – um Befreiung der (zu jener Zeit sieben) Gefangenen, sondern um das dort gelagerte Pulver. Sie brauchten es für die Gewehre, die sie sich zuvor aus dem benachbarten Zeughaus geholt hatten. Deswegen hatten sie mit Bastille-Gouverneur de Launay mehrmals verhandelt, und Launay hatte sich schließlich zur Übergabe der Bastille bereit erklärt, unter der Bedingung, daß die ganze Besatzung frei abziehen könne. Diese Zusage ist jedoch nicht eingehalten worden; der Gouverneur, 4 weitere Offiziere und 3 Invaliden wurden getötet.

B wie Bethlehem: Den Kindermord hat man später erfunden

Seit langem ist es wie eine Selbstverständlichkeit, daß Christen alljährlich am 25. Dezember der Geburt Jesu gedenken. Weit verbreitet ist nun die Vorstellung, Jesus sei wirklich am 25. Dezember oder in der Nacht vom 24. auf den 25., die eben deswegen die Heilige Nacht oder die Weihnacht heiße, geboren worden. In Wahrheit ist Jesu Geburtsdatum nirgendwo überliefert, weder der Tag, noch das Jahr, noch auch der Geburtsort (→ Jesus).

Erst im 6. Jahrhundert wurde unsere christliche Zeitrechung festgelegt, und zwar durch den Abt Dionysius Exiguus, der (im Auftrag des Papstes) die Termine des Osterfestes vom »Jahr der Menschwerdung des Herrn« an berechnete. Dabei kam Dionysius für das Jahr der Geburt Christi auf 754 der Römischen Ära, die »ab urba condita« zählte, von der Gründung Roms an. Doch hat Dionysius sich dabei um einige Jahre verrechnet.

Der 25. Dezember als Tag von Christi Geburt war schon etwa 200 Jahre zuvor errechnet worden, indem man dem Tag der Verkündigung an Maria, daß sie den Heiland zur Welt bringen werde, neun Monate hinzuzählte. Das führte deswegen zu einem zufälligen Ergebnis, weil schon der Tag der Verkündigung nicht überliefert ist, sondern irgendwann ziemlich willkürlich auf den 25. März, den damaligen Jahresanfang, gelegt worden war.

Wann genau Jesus geboren wurde, ist also nicht bekannt. Mit einiger Sicherheit läßt sich nur sagen, daß es zwischen 7 vor und 7 nach unserer Zeitrechnung war, aber nicht in Bethlehem, sondern höchstwahrscheinlich in Nazareth. Bethlehem wurde erst später als Geburtsort angenommen, weil (im Alten Testament) vorausgesagt worden war, der Messias werde in der Stadt Davids zur Welt kommen, also in Bethlehem, wo David geboren und später, als König, gesalbt worden war.

Zu der Geburtslegende von Bethlehem gehört die Geschichte vom Bethlehemitischen Kindermord, in der Herodes der Große zu Unrecht als Massenmörder verleumdet wurde. Um den neugeborenen »König der Juden« nicht aufkommen zu lassen, soll Herodes in Bethlehem alle kleinen Kinder im Alter bis zu zwei Jahren getötet haben. Diese Geschichte aber, die nur bei Matthäus steht, nicht bei Markus, nicht bei Lukas, nicht bei Johannes, und die in keiner außerbiblischen Quelle erwähnt wurde, muß als ein literarisches Bild verstanden werden, als eine Art Denkschema.

Dafür gibt es in der Geschichte viele Beispiele. Das wohl berühmteste (und wahrscheinlich von Matthäus als Vorbild herangezogene) ist die Darstellung von der Bedrohung des kleinen Mose. Ein anderes Beispiel ist die Geburtslegende des Kaisers Augustus. Da heißt es, der Senat von Rom, der nie wieder einen König zulassen wollte, habe beschlossen, alle im Geburtsjahr des Augustus in Italien geborenen Knaben töten zu lassen, um so auch den kleinen Augustus, den geweissagten neuen Alleinherrscher, mit Sicherheit auszuschalten.

Nie hat irgendjemand in dieser Legende etwas anderes sehen wollen als eben eine Legende. Niemand hat sie je für bare Münze genommen, für Realität. Es ist ja auch gar nicht vorstellbar, daß der römische Senat – noch dazu lediglich aufgrund einer Weissagung – zu irgendeiner Zeit befohlen oder auch nur überlegt haben könnte, alle im Lande neugeborenen Knaben eines ganzen Jahrgangs umbringen zu lassen. Es handelt sich bei solchen Darstellungen, die in der Weltliteratur, vor allem in Mythen und Märchen, häufig vorkommen, um das immer von neuem variierte Thema vom (im nachhinein erfundenen) frühen Bedrohtsein auserwählter Personen und ihrer oft wunderbaren Rettung, die zugleich als Auszeichnung gemeint ist. Das allein ist die Aussage solcher Bilder, ihr Wahrheitsgehalt. Die verkündete Wahrheit ist das Bedrohtsein und die Auserwähltheit. Dies in Realität, in Wirklichkeit umzusetzen, ist unzulässig. Also wäre die Folgerung, der römische Senat war so dumm, jenen Tötungsbeschluß zu fassen, um Augustus zu verhindern (womit er natürlich scheitern mußte), aberwitzig. Dies gilt auch für die (allerdings immer wieder gezogene) Folgerung, Herodes müsse dumm und blutrünstig gewesen sein. In diesen Geschichten sind weder Roms Senat noch Herodes als Realität gemeint; sie sind Bilder, die für das Böse stehen.

Bei der Legende vom Bethlehemitischen Kindermord kommt noch etwas anderes hinzu. Matthäus benutzt die Geschichte vom Kindermord als Mittel der Legitimation: Der so früh Bedrohte kann kein anderer sein als der erwartete und prophezeite Messias, denn auch der Kindermord war vorausgesagt. Also kann der Kindermord als Beweis für das Erscheinen des Messias dienen: »Da ist erfüllet, das gesagt ist von dem Propheten Jeremia, der spricht: ›Auf dem Gebirge hat man ein Geschrei gehöret, viel Klagens, Weinens und Heulens: Rahel beweinte ihre Kinder und wollte sich nicht trösten lassen, denn es war aus mit ihnen.‹«

Das heißt: Der Bethlehemitische Kindermord wurde erfunden, um die Weissagung als erfüllt ansehen zu können.

B wie Beton: Schon im alten Rom zum Bauen verwendet

Der Baustoff Beton, unerläßlich beim Bau von Hochhäusern, Brücken, Fernsehtürmen, Tunneln, Pfeilern, Fundamenten, Gewölben, Talsperren und vielen anderen Anlagen, ist längst so etwas wie ein Ersatzbegriff für »Modernes Zeitalter« geworden, der wesentliche Attribute und Begleiterscheinungen impliziert: einerseits Sicherheit und Haltbarkeit, andererseits aber auch, bezogen auf die Umwelt, Zerstörerisches. Daß Landschaft »zubetoniert« werde, ist heute ein beliebtes Schlagwort, um das Un-, ja Antihumane des sogenannten Fortschritts anzuprangern. »Beton« ist fast ein Synonym für »Fortschritt«. Aber der Baustoff Beton, dieses künstlich hergestellte Konglomeratgestein aus Zuschlagstoffen und Bindemitteln, das mit Wasser angemacht wird und dann erhärtet, ist nicht erst eine Erfindung der Neuzeit. Beton war schon im alten Rom bekannt und ist damals, also vor rund zwei Jahrtausenden, auch schon verwendet worden.

Eine Besonderheit des Betons, die von großer praktischer Bedeutung ist, liegt darin, daß er auch unter Wasser abbindet. Auch das war den Römern bekannt. Der berühmte römische Militärtechniker und Ingenieur Vitruv, der bei der Wasserversorgung Roms beschäftigt war und zwischen 33 und 14 v. Chr. ein zehnbändiges Werk über Baukunst

und Mechanik verfaßte (»De architectura«), schrieb:
»Es gibt eine Erdart, die von Natur wunderbare Ergebnisse hervorbringt. Sie steht an im Gebiet von Baiae und der Städte, die rund um den Vesuv liegen. Mit Kalk und Bruchstein gemischt, gibt sie nicht nur den übrigen Bauwerken Festigkeit, sondern auch Dämme werden, wenn sie damit im Meer gebaut werden, im Wasser fest...«
Dabei handelt es sich – so J. Zahn in seinem Buch »Nichts Neues mehr seit Babylon«, Hamburg 1979 – um sandige Vulkanasche, die sich in Puteoli, dem heutigen Pozzuoli im Golf von Neapel, in riesigen Mengen abgelagert hat: »Nach diesem Vorkommen nannten sie die Römer pulvis puteolanus. Schon um 300 vor Chr. wurde erkannt, daß Puteolanerde (auch Puzzolanerde) mit Kalk vermengt einen Mörtel ergab, der im Gegensatz zu den bis dahin üblichen und nur an der Luft erhärteten (nicht hydraulischen) Kalk- und Gipsmörteln auch unter Wasser zu einer Masse von der Härte natürlichen Felsgesteins erstarrte. Es war der erste hydraulische (wasserbindende) Mörtel mit den Eigenschaften von Zement. Ein Gemisch dieses Mörtels mit Sand und Kies oder Bruchgestein ergab einen dem modernen Beton recht ähnlichen Baustoff: wasserdicht, felshart, unverwüstlich.«
Bei Vitruv heißt es: »Wenn also drei Dinge (Kalk, Puteolanerde, Tuffgestein), die auf die gleiche Art durch die Heftigkeit des Feuers gebildet sind [gemeint ist die vulkanische Tätigkeit], in *eine* Mischung gelangen, dann fügen sie sich, wenn plötzlich Feuchtigkeit aufgenommen ist, fest zusammen, und sie werden schnell, durch die Feuchtigkeit gehärtet, fest, und weder die Wogen noch die Macht des Wassers können sie voneinander trennen.«

Roms Abwasserkanal cloaca maxima

Mit solchem Beton wurde in der römischen Kaiserzeit viel gebaut. Zum Beispiel wurde damit Roms cloaca maxima, der alte Abwasserkanal, der im 6. Jahrhundert v. Chr. als steinerner Kanal zur Aufnahme von Regenwasser angelegt und dann vergrößert und schließlich mit großen steinernen Tonnengewölben überbaut worden war, befestigt und ausgebessert. Vor allem im Wasserbau spielte Beton eine große Rolle, ähnlich wie heute als Stampf- und Gußbeton. Man schuf damit, schreibt Zahn, »Bauten bemerkenswerter Ausmaße: Hafenmauern, Molen, Kaianlagen und Brückenpfeiler. Desgleichen diente er zur Auskleidung von Aquädukten, für gemauerte Badewannen und zur Errichtung auf Land stehender Großbauten.«

Auch in anderen Gegenden haben die Römer, wenn es ihnen möglich war, mit Beton gebaut, und zwar auf ganz moderne Art unter Verwendung von Schalholz. So sind zum Beispiel in einem Kellergang der Kaiserthermen zu Trier noch heute deutlich die Abdrücke der Holzbretter zu erkennen. Die Trierer Kaiserthermen entstanden zu Anfang des 4. Jahrhunderts.

Die Wände von Betonbauten, auch Wände, deren Füllungen aus Bruchsteinen und einem aus Weißkalk bereiteten Luftmörtel bestanden, wurden meistens – wie es heute auch geschieht – verblendet, oft verklinkert. Im Herstellen von Ziegelsteinen, das sie von den Griechen übernahmen, waren die Römer Meister. Seit dem ersten vorchristlichen Jahrhundert brannten sie ihre Ziegel, und die gebrannten Ziegel verdrängten den bis dahin üblichen Lehmziegel, der – wie bei den alten Ägyptern – nur luftgetrocknet war. Auch der behauene Naturstein wurde von dem gebrannten Ziegel verdrängt. Nach wie vor beliebt aber waren für Verkleidungen und auch als Fußbodenbelag alle Arten von Marmor.

Beton fand noch bis ins Mittelalter hinein Verwendung. Aber dann geriet das Wissen von der Betonherstellung in Vergessenheit. Erst zu Anfang des 19. Jahrhunderts wurde wieder mit Beton gearbeitet, zunächst in Frankreich. Dort wurde auch der Eisenbeton erfunden: 1854 baute der Franzose Lambot ein Ruderboot aus Beton mit darin eingeschlossenen Eisenrippen. Im folgenden Jahr erhielt er das erste französische Patent auf diese neue Verbundbauweise und damit auf den Eisenbeton.

Beliebtes Thema der »Historienmalerei«: Die »Orgien« des Tiberius

C

wie Capri: Rufmord ließ Tiberius unsterblich werden

Wer Capri besucht, Italiens wohl berühmteste Insel, wer auch nur über Capri liest, Reisebeschreibungen oder Zeitungsartikel, der erfährt immer wieder von den »unbeschreiblichen Orgien« des Kaisers Tiberius, seinen Grausamkeiten und sexuellen Ausschweifungen, zu denen er sich auf die Insel zurückgezogen habe. Auf Capri werden dem Touristen – wenn er nicht an einen seriösen Reiseführer gerät – noch immer die Felsen gezeigt, von denen der alternde Tiberius in maßlosem Blutrausch alle, die ihm nicht genehm waren, nach langen Martern hinabstürzen und unten mit Knüppeln erschlagen oder an Haken zu Tode schleifen lassen habe.

Täglich sei das so gegangen, schrieb der römische Schriftsteller Sueton hundert Jahre nach dem Tod des Tiberius, sogar an Feiertagen und am Neujahrstag. Manchmal seien an einem Tage zwanzig Menschen zu Tode geschleift worden, unter ihnen Frauen und Kinder. Da es verboten war, Jungfrauen zu erdrosseln, seien Jungfrauen erst geschändet worden. Und von den Martern, die Tiberius sich ausgedacht habe, beschrieb Sueton diese: »Er gab seinen Opfern unter irgendeinem trügerischen Vorwand reichlich Wein zu trinken und ließ ihnen gleich darauf die Harnröhre unterbinden, so daß sie sowohl durch die Schnüre als auch durch das Bedürfnis, Wasser zu lassen, Folterqualen ausstehen mußten.«

Sueton, auf den alle diese plumpen Verleumdungen zurückgehen, beschrieb auch ausführlich, wie Tiberius sich auf Capri eine Höhle als ein »mit Polsterbänken ausgestattetes Lokal für geheime Ausschweifungen« eingerichtet habe. Da mußten »Scharen von überallher zusammengesuchten Mädchen und Lustknaben vor seinen Augen unzüchtige Handlungen begehen« und mit ihm »spielen«. Und hernach habe Tiberius sie alle »eigenhändig erwürgt«. Sueton weiter: »Aber man sagt ihm noch größere Schändlichkeiten nach, so daß man es kaum zu berichten oder zu hören, geschweige denn zu glauben wagt«.

Aber es wurde geglaubt, auch von dem englischen Schriftsteller Robert von Ranke Graves, Professor für Poetik an der Universität Oxford, der in seinem Bestseller »Ich Claudius Kaiser und Gott« (1934) meinte, »wie Tiberius auf Capri seine Mußestunden verbracht« habe, dürfe »selbst ein Geschichtsschreiber dem Papier nicht anvertrauen«. Bei dem Altmeister kritischer Quellenforschung, dem Historiker

Leopold von Ranke (dessen Namen mit dem »von« er übernahm) hätte Graves lesen können, daß solche Erfindungen auf Tiberius, den vielleicht korrektesten Mann auf Roms Kaiserthron, schlechterdings nicht zutreffen können, auch bei Theodor Mommsen, schon bei Voltaire, ja bei Plutarch und Juvenal, die vom »ruhigen Alter« des Kaisers und seiner »würdigen Einsamkeit« der letzten zehn Jahre seines Lebens, die er auf Capri verbrachte, schrieben.

Die antike römische Wölfin mit den erst später hinzugesetzten Figuren Romulus und Remus

Tacitus allerdings schien Suetons Geschichten zu bestätigen, in einem einzigen Satz. Und dies ist es wohl, dieser Satz des Tacitus, Tiberius habe sich zuletzt »in Bluttaten wie in Ausschweifungen unterschiedslos gehen« lassen, der die Geschichten von seinen Orgien glaubwürdig erscheinen ließ.

Inzwischen aber sind sie von der Forschung längst als Lügen entlarvt, am nachdrücklichsten von dem Althistoriker Ernst Kornemann, in seiner Tiberius-Biographie (1960), und für ein breiteres Publikum schon viel früher von dem schwedischen Arzt Axel Munthe, der sich nach dem ersten Weltkrieg auf Capri niedergelassen hatte, in der Villa San Michele, wo einst eine der zwölf capresischen Villen des Tiberius gestanden hatte (in seinem Weltbestseller »Das Buch von San Michele«, 1929), später auch von anderen. Aber die Verleumdungen sind nicht mehr aus der Welt zu schaffen; alle Korrekturen werden von ihnen immer wieder überwuchert. Sie sind lebendiger als die Wahrheit.

Und sie sind farbiger, besonders vor jenem blassen Hintergrund, den Leben und Gestalt des Tiberius abgeben. Auch ist Tiberius, der Stiefsohn des Augustus, der aus Livias erster Ehe stammte, heute den meisten gar kein Begriff. Tiberius war kein strahlender Held, kein Eroberer. Seit seiner Kindheit stand er im Schatten anderer. Zwar sah er gut aus, wirkte aber schroff und verschlossen, worüber Augustus sich oft beklagte. Er war scheu, skeptisch, überaus verletzlich. Tiberius und sein jüngerer Bruder Drusus bewährten sich als Heerführer in Gallien und im Alpengebiet.

Als Tiberius 30 Jahre alt und schon längere Zeit glücklich verheiratet war, verlangte Augustus aus dynastischen Gründen, daß er seine Ehe aufgab und Julia, die »Erbtochter« des Augustus heiratete. Das aber ging schief. Julia betrog ihn. Die Ehe mußte geschieden werden. Julia wurde verbannt, und Tiberius zog sich nach Rhodos zurück, als Privatgelehrter zu wissenschaftlichen Studien. Nach längerer Zeit kehrte er in die Hauptstadt zurück und ließ sich wieder als Offizier einsetzen. Dann wurde er Stellvertreter des Augustus und im Alter von 55 Jahren Kaiser.

Von Anfang an verfolgte Tiberius eine Politik der Verständigung und des Bewahrens. Immer war er der Meinung gewesen, daß mit dem Erobern neuer Gebiete Schluß gemacht werden sollte. Gerade mit seiner Friedenspolitik aber stieß er auf Widerstand. Und als sein aktivster Feldherr, ein entschiedener Anhänger der Eroberungspolitik – es war sein Neffe und designierter Nachfolger – auf rätselhafte Weise ums Leben kam, wurde behauptet, Tiberius habe ihn umbringen lassen.

Das war der Anfang einer langen Reihe von Verdächtigungen und Verleumdungen, die ihren Höhepunkt jedoch erst nach seinem Tode erreichte. Mit 68 Jahren zog sich Tiberius enttäuscht nach Capri zurück. Zehn Jahre später ist er auf einer Fahrt nach Rom in Miseno, in der Villa des Lucullus, gestorben, im Jahre 37 n. Chr.

Zur Unbeliebtheit des Tiberius trug bei, daß er nie in den Zirkus ging

Alte Darstellung von der Landung des Columbus auf Guanahani (San Salvador) am 12. Oktober 1492. Damit begann die Entdeckung der Neuen Welt

C wie Columbus: Die Kugelgestalt der Erde war nicht das Problem

Diese Geschichte von Christoph Columbus kann noch so oft korrigiert werden, sie lebt weiter, weil sie so eingängig ist. Deswegen wird sie immer wieder erzählt, sogar in Schulbüchern, nämlich wie Columbus vom portugiesischen König und dessen Ratgebern ausgelacht und verhöhnt worden sei, als er sie (im Jahre 1483) für seinen Plan gewinnen wollte, von Portugal aus westwärts über den Atlantik nach Indien zu segeln, was möglich wäre, weil die Erde eine Kugel sei. Da lachten der König und seine Minister, heißt es. Die Erde eine Kugel? Sie waren sicher, einen Narren vor sich zu haben.

Auf dasselbe Unverständnis sei Columbus dann am Hof der Katholischen Majestäten, des Königspaares von Aragón-Kastilien, gestoßen. Auch da habe sich – jedenfalls zunächst – niemand die Erde als Kugel vorstellen können. Alle seien noch befangen gewesen in jenem mittelalterlichen Weltbild, in dem die Erde als große Scheibe gedacht wurde, von dessen Rand sich die Seefahrer tunlichst weit genug entfernt halten sollten, um nicht plötzlich ins Nichts zu stürzen. Columbus sei eben seiner Zeit weit voraus gewesen und – Schicksal so vieler Genies – von den dummen Zeitgenossen verkannt worden, bis er schließlich durch die Praxis ihren Irrtum widerlegte.

Aber so war es nicht. Eher im Gegenteil: Columbus befand sich in einem Irrtum, während seine Kritiker zu Recht skeptisch waren. Die Kugelgestalt der Erde – schon in der Antike berechnet und nur vorübergehend in Vergessenheit geraten – war zu jener Zeit keine Frage mehr. Nein, der Streit, zu dem es zwischen Columbus und den Experten am portugiesischen Hof kam, den Experten aus der Schule Heinrichs des Seefahrers, die auf der Höhe des geographischen Wissens jener Zeit standen, ging um die Größe der Erdkugel und damit um die wahrscheinliche Entfernung zwischen Portugal und Westindien beziehungsweise China.

Nach dieser Entfernung hatte Johann II. von Portugal schon 1474 (als er noch Infant war) den in Florenz lebenden Arzt Paolo del Pozzo Toscanelli fragen lassen, der einen großen Ruf als Mathematiker und Kosmograph hatte. Toscanelli hatte am 25. Juni 1474 geantwortet, der Weg über den Atlantik müsse kürzer sein als der um Afrika herum, den die Portugiesen suchten. Einige Zeit später wandte sich auch Columbus an Toscanelli, und er erhielt dieselbe Antwort, nämlich eine Abschrift des ausführlichen Briefes von 1474. Zusätzlich machte Toscanelli jetzt noch die Angabe, daß die Entfernung von Lissabon über den Atlantik nach China »nahezu ein Drittel des Erdumfangs« betrage; »der Weg ist nicht nur möglich, sondern wahr und sicher«, fügte Toscanelli hinzu.

Was das letztendlich bedeutete, hing vom Umfang der Erde ab. Über ihn aber waren Columbus und Toscanelli verschiedener Meinung. Toscanelli

Entdeckung unbekannter Inseln

Landung auf »Hyspana« (Haiti)

Schon 1493 entstanden diese Holzschnitte über die erste Reise des Columbus

nahm in etwa den richtigen Erdumfang an, den schon der griechische Gelehrte Eratosthenes, der im 3. vorchristlichen Jahrhundert der berühmten Bibliothek von Alexandria vorstand und sich vor allem mit Astronomie und Geographie befaßte, auf 39690 Kilometer berechnet hatte (richtige Zahl: 40075). Einige Jahrhunderte nach ihm, im 2. Jahrhundert n. Chr., kam der ebenfalls in Alexandria lebende Geograph C. P. Ptolemäus bei seiner Berechnung des Erdumfangs auf nur 28350 Kilometer. Und auf diese falsche Zahl stützte sich Columbus.

Es sieht ganz so aus, als ob Columbus, der ja für sein Unternehmen Geldgeber suchte und es deswegen als realisierbar darstellen mußte, die Entfernung von Lissabon nach China absichtlich zu kurz schätzte. Denn während Toscanelli sie mit einem Drittel des Erdumfangs angab, was 120 Grad bedeutete, sprach Columbus (ohne irgendwelche Gründe anzuführen) von nur 78 Grad. Aber schon Toscanelli unterschätzte die Entfernung bei weitem; heute wissen wir, daß sie nicht nur ein, sondern gut zwei Drittel des Erdumfangs beträgt,

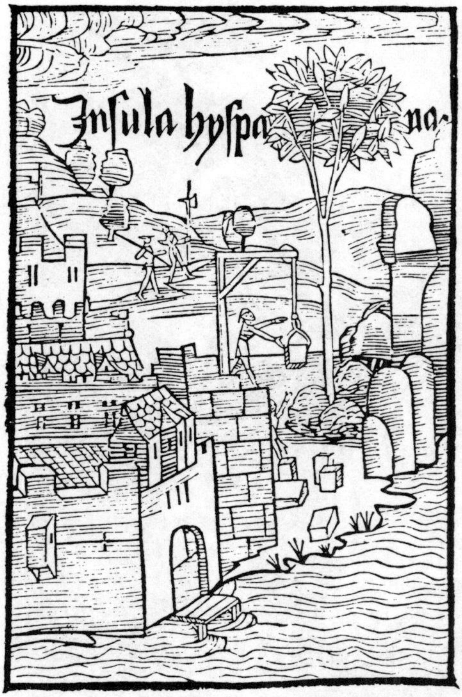

Die Insel Hyspana sei gut für den Bau von Städten geeignet, meinte Columbus

nämlich 229 Grad. Und dieser zwiefache Fehler wurde nun noch weiter vergrößert, indem Columbus bei seinen Berechnungen einen viel zu kleinen Erdumfang zugrundelegte. Dadurch errechnete er den Abstand von einem Längengrad zum andern am Äquator mit 83,36 Kilometer, während er in Wirklichkeit 110,56 beträgt.

Daß die ja alles entscheidende Frage der Entfernung bei den Überlegungen der portugiesischen Experten und des Kronrats eine wesentliche Rolle spielte und (neben den übertrieben hohen Forderungen des Christoph Columbus) zur Ablehnung des Projektes führte, ist zwar nicht überliefert, doch ist dies in hohem Maße wahrscheinlich. Denn gerade zu jener Zeit schickte König Johann II. Astronomen in die Äquatorzone, mit dem speziellen Auftrag, dort Längenmessungen zur Errechnung des Erdumfangs durchzuführen. Offenbar wollte es der König nun genau wissen. Und das Ergebnis kann die Portugiesen in ihrer Meinung nur bestärkt haben, daß das Projekt des Columbus bei dem beschränkten Aktionsradius der damaligen Schiffe nicht zu realisieren war – es sei denn, es würden auf der langen Strecke genügend Inseln entdeckt, um immer wieder Trinkwasser und Verpflegung aufnehmen zu können.

Daß Columbus, der schließlich vom spanischen Königshaus finanzielle Unterstützung für sein Unternehmen erhielt, einen ganzen Erdteil entdecken würde (1492), konnte niemand ahnen. Er selber hat übrigens bis ans Ende seines Lebens an dem Irrtum festgehalten, wie geplant Indien erreicht zu haben.

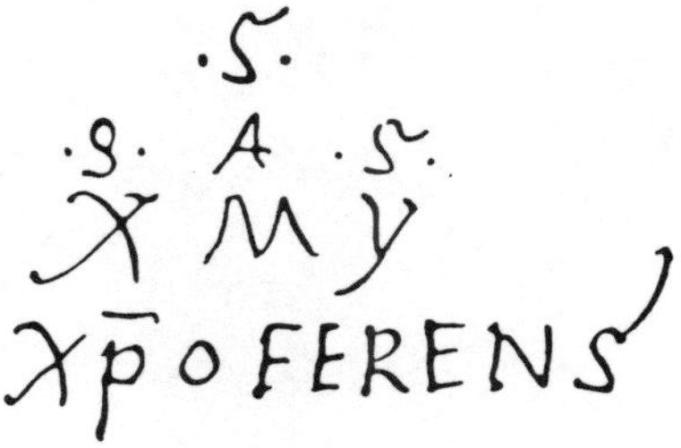

Die Unterschrift des Columbus

Matthaeus Merian: Anbetung der »Heiligen Drei Könige«

D

wie Drei Könige: Von der Kirche niemals heilig gesprochen

Der 6. Januar ist der »Dreikönigstag«. Erst mit ihm endet der ganze Weihnachts- und Neujahrsfestkreis, der mit der Adventszeit begann. An seinem Vorabend, der letzten der »Rauhnächte«, ziehen in manchen Gegenden vermummte Gestalten, von denen eine einen Stern vor sich her trägt, singend von Haus zu Haus und schreiben mit Kreide das Dreikönigszeichen an die Türen: C+M+B. Oder auch K+M+B. Das sind die Initialen der Heiligen Drei Könige Caspar (oder Kaspar), Melchior und Balthasar, von denen es heißt, sie seien aus dem Morgenland nach Bethlehem gekommen, um den neugeborenen Heiland anzubeten und ihm Geschenke zu bringen. Dieser Brauch, bei dem – wie noch heute in Hildesheim, wo im Dom Fingerknöchel der Drei Könige bewahrt werden – drei der Stern-Sänger als Könige verkleidet sind, ein vierter als der böse Herodes, stammt etwa aus dem 16. Jahrhundert. (Für C+M+B gibt es in manchen Gegenden auch die Deutung »Christus Mansionem Benedicat«: Christus segne dieses Haus.)

Daß der Dreikönigstag auf den 6. Januar fällt, ist eigentlich die Folge eines Mißverständnisses. In der katholischen Kirche wird der 6. Januar als Fest der Erscheinung (Epiphanie) des Herrn gefeiert. Unter Erscheinung des Herrn wurde eine Zeitlang die Geburt Jesu mit der Anbetung der Weisen oder Magier (Matth. 2, 1–12) verstanden. Später, als die Kirche Jesu Geburt zu Weihnachten beging, wurde der 6. Januar zum Fest der drei Wunder, nämlich der Anbetung der Weisen, der Taufe Jesu in Jerusalem und der Hochzeit zu Kana. Als »Fest der Heiligen Drei Könige« ist der 6. Januar von der Kirche nie verstanden worden. Die Kirche hat auch die Drei Könige niemals kanonisiert; entgegen dem allgemeinen Sprachgebrauch sind sie also in Wahrheit keine Heiligen.

Daß sie Könige gewesen seien, ist ebenfalls eine legendäre Vorstellung; sie kam im 5. Jahrhundert auf und knüpft an Psalm 72,10 an, wo es heißt: »Die Könige von Tarsis und auf den Inseln sollen Geschenke bringen ...«. Matthäus, der als einziger von der Anbetung berichtet, schrieb nicht von Königen, sondern von Magiern. Daß es drei gewesen seien, behauptet er auch nicht. Die Zahl drei kam hier ebenfalls erst später auf, möglicherweise in Analogie zu den drei Gaben, die überreicht wurden: Gold, Weihrauch und Myrrhe, vielleicht auch nur, weil die Drei in der christlichen Mythologie als besonders glückliche, ja heilige Zahl galt.

Der Dreikönigsschrein (Kölner Dom) entstand um 1200

Nach einem Augenzeugenbericht enthält der berühmte Dreikönigsschrein im Kölner Dom die Gebeine dreier Männer. Der Bericht stammt aus dem Jahr 1158, als die Gebeine (eines 15 Jahre alten, eines 30 Jahre alten und eines 60 Jahre alten Mannes) in der vor Mailand liegenden Kirche San Eustorgio gehoben wurden, um sie nach Köln zu schaffen, auf Betreiben des damaligen Erzbischofs von Köln und Kanzlers Kaiser Barbarossas, Rainald von Dassel.

Wie Rainald von Dassel auf die Gebeine aufmerksam wurde, wie er sie erwarb, ist im einzelnen nicht überliefert. Es ist auch nicht klar, wie sie nach Mailand gekommen waren. Zwar heißt es in einer Biographie des Mailänder Bischofs Eustorgius, dieser habe sie gegen Ende des 4. Jahrhunderts von Konstantinopel nach Mailand gebracht, als ein Geschenk des byzantinischen Kaisers. Aber die »Vita Eustorgii«, in der das behauptet wird, entstand erst im 12. Jahrhundert, und zwar in Köln!

Nur in dieser Lebensgeschichte wird auch behauptet, daß die Kaiserinmutter Helena die Gebeine nach Konstantinopel habe bringen lassen, nachdem sie sie im Heiligen Land gefunden habe. In Helenas eigener Lebensgeschichte, die von ihrem Zeitgenossen Eusebius, seit 313 Bischof von Cäsarea in Palästina, geschrieben wurde, der Helena gut kannte und ihre Pilgerfahrt durchs Heilige Land und ihre dort gemachten Entdeckungen ausführlich schilderte, ist davon nicht die Rede. Es ist ja auch ganz unwahrscheinlich, daß die Gebeine der Magier in Palästina zu finden gewesen wären: bei Matthäus heißt es, die Magier seien nach ihrem Besuch in Bethlehem in ihr Land zurückgekehrt.

Daß die katholische Kirche die »Drei Könige« (die ihre Namen erst im 9. Jahrhundert erhielten) nicht kanonisiert hat, mag auf das politische Ziel zurückzuführen sein, das Kanzler Rainald von Dassel mit ihnen zu erreichen versuchte. Bevor Rainald die Gebeine nach Köln schaffen ließ, hatte der Dreikönigskult so gut wie keine Rolle gespielt. Das änderte sich erst in Köln, das nun schnell zu einem der bedeutendsten Wallfahrtsorte wurde. Was Rainald von Dassel, der einige Zeit Dompropst zu Hildesheim gewesen war, und deswegen dem Hildesheimer Dom einige Fingerknöchel der Dreikönigsreliquien schenkte, aber eigentlich mit den Drei Königen erreichen wollte, war – wie gesagt – ein politisches Ziel: Er wollte den Vorrang der Kaiserherrschaft vor den Ansprüchen der Päpste dokumentieren. Rainald sah den Vorrang der Königsherrschaft darin begründet, daß Christus vor der Berufung Petri, auf der das Papsttum fußt, die Geschenke und die Huldigung der weltlichen Herrscher annahm. Und indem die Drei Könige jetzt in Köln residierten, konnte dies nach mittelalterlichen Vorstellungen als eine Bestätigung dafür interpretiert werden, daß Kölns Erzbischof und der deutsche König, der vom Kölner Erzbischof gekrönt wurde, gegenüber Rom eine Vorrangstellung hatten. Warum also sollte Rom die Drei Könige auch noch heiligen, die jetzt gewissermaßen im Dienst des Kaisers standen – gegen die Kirche!

Lebensgroße Figur aus Hatra, das zum Hethitischen Reich gehörte

E

wie Elektrizität: Vor 2000 Jahren hatten die Parther Batterien

Wer in einem Lexikon unter »Elektrizität« nachschlägt, erfährt da, daß elektrische Energie erst vom 18. Jahrhundert an entdeckt wurde und ihre praktische Nutzung noch sehr viel jünger ist. Zwar wurde um 1600 die »Reibungselektrizität« entdeckt, indem man bemerkte, daß Bernstein, den die Griechen »Elektron« genannt hatten, nach dem Reiben leichte Körper anzieht. Aber erst als Luigi Galvani (1737 bis 1798), Professor der Anatomie in Bologna, bei seinem berühmten Froschschenkelversuch von 1789 »tierische Elektrizität« gefunden zu haben meinte, begann die Erforschung dieser noch lange Zeit höchst geheimnisvollen Kraft.

An Galvani erinnert bis heute das »Galvanisieren«, genauer die Galvanotechnik. Das ist die Herstellung von metallischen Niederschlägen auf leitend gemachten Gegenständen mit Hilfe elektrischen Stroms durch Elektrolyse. Dieses Verfahren, das vor allem dem Versilbern und Vergolden dient, wurde nicht schon von Galvani erfunden, sondern 1840 von dem jungen Werner Siemens, der sich später erinnerte: »Ich glaube, es war eine der größten Freuden meines Lebens, als ein neusilberner Teelöffel, den ich mit dem Zinkpole eines Daniellschen Elementes verbunden in einen mit unterschwefligsaurer Goldlösung gefüllten Becher tauchte, während der Kupferpol mit einem Louisdor als Anode verbunden war, sich schon in wenigen Minuten in einen goldenen Löffel vom schönsten, reinsten Goldglanze verwandelte.«

Siemens, der seine Erfindung für 1500 Pfund nach England verkaufte und 1842 mit einem Berliner »Neusilber-Fabrikanten« einen Vertrag schloß, ihm gegen Beteiligung am Gewinn eine »Anstalt für Vergoldung und Versilberung« einzurichten, wäre wohl ungläubig erstaunt gewesen, wenn man ihm gesagt hätte, daß die Vergoldungsmethode vielleicht schon zwei Jahrtausende zuvor angewendet wurde. Allerdings hätte dies zu seiner Zeit niemand für möglich gehalten.

Aber ein Jahrhundert später, 1936, wurde von dem deutschen Archäologen Wilhelm König in einer parthischen Siedlung bei Bagdad ein merkwürdiger Apparat gefunden aus der Zeit um Christi Geburt. Er bestand aus einer 18 Zentimeter großen Terrakotta-Vase, die einen etwas kürzeren Kupferzylinder enthielt, in dem ein oxydierter Eisenstab steckte, mit Resten von Bitumen und Blei daran. Schon König kam auf die scheinbar aberwitzige Idee, es könne sich bei diesem Apparat (von dem später noch mehrere ans Licht kamen) um eine Strom erzeugende Batterie handeln. Alle notwendigen Teile waren jedenfalls weitgehend erhalten, dazu die Reste des als Isolier- und Dichtungsmasse dienenden Bitumens. Wenn diese Kupfer-Eisenkonstruktion nun mit einer sauren oder laugenartigen Flüssigkeit aufgefüllt würde, hätte man ein galvanisches Element.

Daß eine solche Batterie tatsächlich elektrischen Strom erzeugte, wurde 1957 in einem Versuch bei der General Electric in Pittsfield (USA) bewiesen. Und im Sommer 1978 wurden im Hildesheimer Roemer- und Pelizaeus-Museum anläßlich der Ausstellung »Sumer-Assur-Babylon« noch weitergehende Versuche mit einer solchen (nachgebauten) Batterie gemacht. Dabei nahm der Ägyptologe Arne Eggebrecht als Batterieflüssigkeit den Saft frisch ausgepreßter Trauben, und er gewann auf diese Weise einen Strom mit einer Spannung von 0,5 Volt.

Der Hildesheimer Versuch hat das amerikanische Ergebnis von 1957 bestätigt, daß es sich bei dem im Ruinenhügel von Chujut Rabuah gefundenen Apparat aus der Zeit vor zwei Jahrtausenden und bei weiteren solcher Kupferzellen, die in Seleukia am Tigris und im benachbarten Ctesiphon, der parthischen Hauptstadt, gefunden wurden, wirklich um elektrische Batterien handelt. Und mehr: In einem zweiten Teil des Experiments wurde die Stromquelle mit einer Galvanisierwanne verbunden, in der innerhalb von zweieinhalb Stunden eine kleine silberne Figur rundum vergoldet wurde.

Damit war zwar noch nicht bewiesen, wohl aber in hohem Maße wahrscheinlich gemacht, daß die Parther (die 141 v. Chr. Mesopotamien erobert hatten und dort am Zwischenhandel zwischen China und Indien sowie Rom und dem Fernen Osten reich wurden) die galvanische Vergoldungstechnik beherrschten. Auch wurde noch eine weitere Frage beantwortet, nämlich wie die Parther das für diese Technik erforderliche Goldzyanid gewonnen haben können, das in der Natur nicht vorkommt. Goldzyanid – so zeigte sich – kann beim Herstellen von Blattgold entstehen, das durch Hämmern von Goldblechen zwischen Lederlappen geschieht: schlecht gegerbtes, verrottendes Leder bringt Gold zum Oxydieren, führt also zur Entstehung von Goldzyanid.

Nicht zuletzt spricht die Reinheit ihrer Vergoldungen dafür, daß die Parther und vielleicht schon deren Vorgänger in Ur und Babylon galvanisieren konnten. Eine andere, in der Antike mit Sicherheit bekannte Technik, das »Feuervergolden«, bei dem eine Gold-Quecksilber-Legierung aufgetragen und das Quecksilber verdampft wurde, hinterließ leicht erkennbare Spuren. Ganz ohne Zweifel aber steht fest, daß die Parther zur Zeit Cäsars und Kleopatras elektrische Batterien gekannt haben.

E wie Erzherzog: Durch Urkundenfälschung wichtiger geworden

Petrarca
Er erkannte die Fälschung

In der Rangfolge der Adelsprädikate stand in deutschen Landen (und steht ja trotz Abschaffung des Adels noch immer) an erster Stelle der Herzogstitel, gefolgt von den Titeln Fürst, Graf, Freiherr. Das war auch in Österreich so, wo dem Freiherrntitel noch die Prädikate Ritter und Edler folgten. Aber es gab in Österreich noch eine andere Besonderheit, und zwar an der Spitze der Reihe. Da hieß es – scheinbar sehr viel bedeutender und gewichtiger als in Preußen und in Bayern – statt Herzog »Erzherzog«. Aber diesen pompösen Titel, den die Habsburger bis in unsere Zeit hinein führen, hat ihnen nie jemand verliehen. Die Habsburger haben sich ihn schlicht erschwindelt, und zwar im Rahmen einer Urkundenfälschung.

Diese Fälschung ist das sogenannte Privilegium majus. Es entstand in den Jahren 1358/59. Initiator und Autor, also der Fälscher, war der 19jährige Herzog Rudolf IV. von Habsburg. Er wollte seine und Österreichs Stellung verbessern. Anlaß war die Goldene Bulle. In dieser berühmten Urkunde aus dem Jahre 1356 hatte Kaiser Karl IV. die Privilegien der deutschen Kurfürsten festgelegt. Die Kurfürsten, deren Aufgabe es war, den deutschen König zu wählen, waren die Erzbischöfe von Mainz, Trier und Köln, der Pfalzgraf bei Rhein, der Herzog von Sachsen, der Markgraf von Brandenburg und der König von Böhmen. Diese sieben Kurfürsten hatten eine Reihe wichtiger Vorrechte. Und das sah der junge Habsburger mit Neid; es ärgerte ihn, daß er dem Kurfüstenkolleg nicht angehörte.

Öffentlich erklärte Rudolf, die Kurfürstenwürde sei unter der Würde Habsburgs. Heimlich aber ließ er eine von Kaiser Barbarossa 1156 für Österreich ausgestellte Urkunde, das später sogenannte »Privilegium minus«, zum »Privilegium majus« umschreiben. Darin behauptete er, die Österreicher seien »Erzherzöge«. Zugleich erfand er für sie eine Reihe von Rechten, die zum Teil den Privilegien der Kurfüsten entsprachen, teils sogar darüber hinausgingen. Um sicherzugehen, fälschte Rudolf gleich ein ganzes Paket von Urkunden.

Dabei schoß er jedoch reichlich übers Ziel hinaus. Dieser ehrgeizige junge Mann war zwar ein ausgezeichneter Kenner des Urkundenwesens, mit seinen Geschichtskenntnissen aber haperte es. Und so passierte es ihm, daß er die Vorrechte Österreichs in einigen Urkunden auf Zugeständnisse des römischen Kaisers Nero, ja bis auf Cäsar zurückführte. Diese alten Römer konnten nun aber von Österreich, das erst durch Karl den Großen als »Ostmark« ins Leben gerufen worden war, wirklich noch nichts gewußt haben.

Dann legte Rudolf das Paket seiner Fälschungen Kaiser Karl IV. zur Bestätigung vor. Aber dem Kaiser, der ein sehr gebildeter Mann war, kam die Sache verdächtig vor. Und da er der Wissenschaft seiner Zeit mehr traute als den deutschen Fürsten – Karl IV. war der Gründer der ersten deutschen Universität in Prag –, legte er die Urkunden dem berühmten Dichter und Humanisten jener Jahre, Francesco Petrarca, vor. Der Italiener Petrarca war ein hervorragender Kenner der lateinischen Sprache – Urkunden wurden in lateinisch abgefaßt –, und auf Grund eingehender Stilkritik kam Petrarca zu der Überzeugung, daß die von Rudolf von Habsburg vorgelegten Urkunden Fälschungen seien. Daraufhin lehnte Karl IV. eine Bestätigung ab.

Doch damit war die Sache noch keineswegs aus der Welt. Rudolf erhielt seine Urkunden zurück und verwahrte sie im Archiv. Etwa achtzig Jahre später, 1444, gelang es Rudolfs Nachfolgern, das Privilegium majus und die anderen Fälschungen dennoch bestätigt zu bekommen, und zwar von Friedrich III., der selber Habsburger war und sein Leben lang mit allen Kräften am Ausbau seiner Hausmacht arbeitete. Inzwischen hatte man das Gutachten Petrarcas längst vergessen. Erst im 19. Jahrhundert wurde das Privilegium majus wieder, und diesmal endgültig, als Fälschung entlarvt. Aber da hatte alle Welt sich an den österreichischen Phantasietitel »Erzherzog« längst gewöhnt.

Der Titel Erzherzog war übrigens für die Österreicher nicht das Wichtigste. Was Rudolf IV. mit seinen Fälschungen einst angestrebt hatte und was schließlich auch erreicht wurde, war Österreichs weitgehende Unabhängigkeit vom Reich, seine politische Gleichberechtigung. So war mit einer Fälschung große Politik gemacht worden. Dazu sollte man wissen, daß das Fälschen von Urkunden zu jener Zeit ein beliebtes Mittel war, um sich besondere Privilegien zu verschaffen, ja, es war in gewisser Weise sogar legitim. Wenn es gelang – und nur darauf kam es an –, eine Fälschung bestätigt zu bekommen, von

irgendeiner wichtigen Kanzlei, dann galten die wie auch immer gefälschten Privilegien als anerkannt.
Von diesem Mittel machte zuerst und dann gleich in größerem Stil die römische Kurie Gebrauch, und zwar um 750 mit der berühmten »Konstantinischen Schenkung«. Mit dieser ersten großen Fälschung in der abendländischen Geschichte verschaffte sich die Kurie mit einer Reihe wichtiger Privilegien vor allem das Recht des Bischofs von Rom, Fürst – also Papst – zu sein über alle Bischöfe der Welt und »Haupt der Christenheit«. Und das zweite große Privileg, das die römische Kirche sich durch diese Fälschung verschaffte, war die juristische Grundlage zum Kirchenstaat (→ Vatikan). Aber auch Städte haben sich auf diese Weise Privilegien zu verschaffen gewußt. So zum Beispiel die → »Freie und Hansestadt Hamburg«.

Ägypten: Ruinen von Bauten, die für die Ewigkeit gedacht waren

F

wie Fluch des Pharao: Alle sterben, die mit ihm zu tun hatten

Am 26. November 1922 fand der Amateur-Archäologe Howard Carter nach fünfzehnjähriger Suche das nahezu unversehrte Grab Tutanchamuns, des »Goldenen Pharao«. Experten hatten es längst für unmöglich gehalten, im Tal der Könige noch irgend etwas zu finden, obgleich Carter an der Nekropole von Theben die Gräber von Amenophis I., der Königin Hatschepsut und von Amenophis IV. aufgespürt hatte.
»Das Tal der Könige ist leer«, war die vorherrschende Meinung; und wenn man doch noch ein Königsgrab fände, dann sei es sicher schon in der Antike ausgeraubt. Desto größer war die Sensation, als Carter doch noch fand, wonach er so lange gesucht hatte.
Die Entdeckung des Tutanchamun-Grabes und die Bergung seiner unermeßlichen Schätze wurden zur spektakulärsten Sensation in der Geschichte der Archäologie. Kein Wunder, daß über viele Jahre hin jedes neue Vorkommnis, jede Nachricht über Einzelheiten des Fundes und über das Schicksal der Ausgräber von Journalisten und Buchautoren zum Anlaß genommen wurden, die ganze Geschichte immer wieder darzustellen. Daß sich daran bis heute nichts geändert hat, geht aber nicht allein auf die Großartigkeit des Fundes zurück, sondern mehr noch auf die früh entstandene Legende vom Todes-Fluch des Pharao, der angeblich jeden trifft, der die ewige Ruhe Tutanchamuns stört.
Diese Legende ist – obwohl mehrmals widerlegt – unsterblich. Dies muß sie schon deswegen sein, weil alle Menschen, die mit dem Grab oder gar mit der Mumie Tutanchamuns zu tun hatten, noch zu tun haben oder in Zukunft zu tun haben werden, sterblich sind und folglich entweder bereits gestorben sind oder irgendwann sterben werden. Zunächst also jene, die das Grab öffneten, eindrangen und die Schätze herausholten, dann die Wissenschaftler, die sich mit der Mumie befaßten, sie röntgten oder sie vom Pilzbefall säuberten und sie restaurierten, schließlich gar alle, die irgendwann mit Stücken aus dem Grab in Berührung kamen, etwa mit der berühmten Goldmaske, die in vielen Museen der Welt ausgestellt wurde. Jedesmal, wenn einer von ihnen stirbt, läßt sich die Legende von neuem erzählen, und vielen mag allein die stetig steigende Zahl der Verstorbenen ein Beweis für die Existenz und die Wirksamkeit des Fluchs sein.
Freilich kam es für einen solchen »Beweis« nicht so sehr auf das Sterben an

In Grabmalereien hielten die Ägypter das Leben fest: Musik und Tanz

sich als vielmehr auf seine Art an; die vom Fluch getroffenen seien auf rätselhafte Weise gestorben oder viel zu früh oder zumindest ganz unerwartet, an unbekannten Krankheiten, infolge von Unfällen, durch Selbstmord oder gar durch Mord. Aber mehrmals sind diese Angaben kritisch überprüft worden, und dabei ließen sich alle Todesarten auf durchaus natürliche Weise erklären. Verheißungsvoller jedoch als die nüchterne Widerlegung liest sich, was schon vor Jahrzehnten in der »New York Times« stand und immer von neuem verwendet werden kann: »Es ist ein tiefes Geheimnis, und man macht es sich zu leicht, wenn man es bezweifelt oder ablehnt.«

Die Fluch-Legende kam zum erstenmal beim Tod Lord Carnavons auf, im April 1923. Lord Carnavon, der die ganze Zeit mit Carter zusammengearbeitet und alles finanziert hatte und als einer der Ersten ins Grab eingedrungen war, starb, noch nicht 57 Jahre alt, an einer Sepsis infolge eines entzündeten Moskitostichs. Damals war zum erstenmal von dem Fluch die Rede, der angeb-

Vorführen und Zählen einer Gänseherde (aus thebanischen Gräbern)

lich – wie in einer Zeitung behauptet – auf der Tür des zweiten Schreins in Hieroglyphen geschrieben stand: »Wer dieses geheiligte Grab betritt, den werden die Flügel des Todes treffen.« In einer anderen Darstellung hieß es, Carter habe am Eingang des Grabes einen Stein gefunden, der die Inschrift trug: »Die Hand, die sich gegen meinen Bau erhebt, möge verdorren. Diejenigen, die meinen Namen, mein Fundament, mein Abbild und die Bilder von mir angreifen, seien der Vernichtung preisgegeben!«

Seitdem gehen diese oder ähnliche Fluchformeln aus dem Grab des Pharao um die Welt. Und immer wieder wurden und werden Experten für das Übersinnliche befragt, ob ein solcher Fluch wirksam sein könne, was von ihnen immer wieder bejaht wird. Aber nicht die Frage nach der Wirksamkeit des Fluchs ist entscheidend, sondern allein die Frage, ob es einen Fluch gab. An der Tür des Schreins steht er nicht, auch an keiner anderen Stelle im oder am Grab, auch nicht an irgendeinem der gefundenen Gegenstände. In Howard Carters

dreibändigem Werk über den Fund und seine Bergung steht nichts von einem Fluch. Und als Carter direkt gefragt wurde, erklärte er: »Die Gerüchte um einen Fluch Tutanchamuns sind verleumderische Erfindungen.«
Dennoch taucht die Behauptung, Carter habe einen Fluch gefunden, von Zeit zu Zeit wieder auf. Zum Beispiel vor einigen Jahren in Philipp Vandenbergs Bestseller »Der Fluch der Pharaonen«. Da ist es eine Tontafel mit der angeblichen Inschrift: »Der Tod wird den ereilen, der den Frieden des Pharaos stört.« Leider gab der Autor nicht an, von wem er das weiß. Auch in seinem nächsten Buch, in dem er die Legende weiterspann, hat er das verschwiegen.

F wie Freie und Hansestadt: Hamburgs stolzer Titel ist gefälscht

Jahr für Jahr wird in der »Freien und Hansestadt Hamburg« feierlich des »Hafengeburtstags« gedacht. Anlaß ist der sogenannte »Freibrief«, den Kaiser Friedrich Barbarossa im Jahr 1189 ausgestellt haben soll, und zwar in Regensburg, wo er sein Heer zum Kreuzzug sammelte. Der Kaiser habe damit einer Bitte des Grafen Adolf von Schauenburg entsprochen, an Elbe und Alster einen Hafen anlegen zu dürfen. Zwar existierte damals bereits das bischöfliche Hamburg, doch habe es an Bedeutung mehr und mehr verloren, weswegen der Schauenburger nun eine neue Stadt mit einem neuen Hafen habe gründen wollen. Der Kaiser – so wird von der Hamburger Staatlichen Pressestelle in schöner Regelmäßigkeit verbreitet – habe ihm dafür die Genehmigung und noch eine Reihe von Privilegien für den Hafen erteilt und urkundlich bestätigt. Und bis heute gilt diese Gründungsurkunde mit dem Datum vom 7. Mai 1189 als wichtigstes Dokument für die Geschichte des Hamburger Hafens, Deutschlands »Tor zur Welt«.
Jahrhundertelang hat an dieser »Kaiserurkunde«, mit deren Privilegien sich Hamburg rasch entwickelte, nie jemand Anstoß genommen. Dann aber wies der Hamburger Historiker Heinrich Reincke unzweifelhaft nach, daß sie keinesfalls aus einer kaiserlichen Kanzlei stammt, sondern aus dem Hamburger Rathaus. Anhand einer Reihe untrüglicher Indizien (betreffend das Siegel, das Pergament, die Schrift, den Stil, die Anzahl und die Namen der Zeugen, schließlich die Tatsache, daß sich die Hamburger auf ihre Urkunde nicht vor 1266 berufen haben und die Urkunde überhaupt nie zuvor erwähnt wurde) konnte Hamburgs wichtigstes Dokument als Fälschung entlarvt werden, als Fälschung aus dem 13. Jahrhundert.
Damit stimmt auch der sachliche Inhalt überein. Das für die Hamburger wichtigste Privileg bestand nämlich darin, auf der Unterelbe sämtliche Waren zollfrei transportieren zu dürfen. Nur darum ging es den Hamburgern, als sie ihre Kaiserurkunde fabrizierten, nicht um die Gründung eines neuen Hafens. Der Hafen war längst da und funktionierte so gut, das heißt, warf so viel Gewinn ab, daß andere seit langem neidisch waren, vor allem die Bremer und die Stader. Und den Stadern fiel auch etwas ein, wie sie am Handel der Hamburger profitieren konnten. Im Jahr 1259 richteten sie im Einvernehmen mit dem Erzbischof von Bremen auf der Elbe in Höhe ihrer Stadt eine Zollabfertigung ein. Dort verlangten sie von allen Schiffen, die nach Hamburg gingen oder von Hamburg kamen, Zollgebühren für die transportierten Waren.
Aber das war nicht alles. Auf lange Sicht wollten die Stader da für sich selber einen Handelsumschlagplatz einrichten. Deswegen hielten sie alle nach Hamburg gehenden Schiffe mit ihren Waren drei Flutzeiten lang fest, also dreimal 12½ Stunden, in der Hoffnung, daß die Schiffe ihre Ladung in Stade

löschen würden, statt die lange Wartezeit in Kauf zu nehmen.
Für die Hamburger bedeutete das einen existenzgefährdenden Anschlag auf ihren Handel und ihren Hafen. Zunächst hatten sie dem nichts entgegenzusetzen. Dann aber kamen sie auf den genialen Einfall, sich einen Kaiserbrief zu verschaffen, wie Lübeck und Bremen ihn seit langem besaßen und der ihnen gewisse Sonderrechte garantierte. Es gab jedoch gerade keinen Kaiser; es war die Zeit des Interregnums, »die schreckliche, die kaiserlose Zeit«. Da mußte sich selber helfen, wer überleben wollte.
Und die Hamburger halfen sich, indem sie den begehrten Kaiserbrief selber herstellten, ihn dann weit vordatierten, in eine Zeit, da der Passus über den zollfreien Elbverkehr wie eine Vision erscheinen mußte. Sie hatten alles auf ein seltsam kleines Stück Pergament geschrieben, in einer Handschrift, die es in keiner kaiserlichen Kanzlei je gab, sie erfanden Zeugen, die gar nicht existierten. Und da es ihnen nicht gelang, ein Siegel Kaiser Barbarossas aufzutreiben, begnügten sie sich mit einem Siegel Friedrichs II.

Obgleich es also eine recht plumpe Fälschung war, hatten die Hamburger damit Erfolg, als sie sie 1266 zum erstenmal vorwiesen und auf ihre angeblichen Rechte pochten, auch beim Bremer Erzbischof. Damit war die Gefahr aus Stade gebannt, und Hamburg blühte weiter auf und nannte sich schon bald »freie« Stadt.
Wirklich »Freie Stadt« aber wurde Hamburg erst am 6. Juli 1618, aufgrund eines Urteils vom Reichskammergericht. Dieses Urteil beruhte jedoch auf weiteren Fälschungen aus dem Hamburger Rathaus, die der Senat, ausgehend von jener ersten Fälschung, kurz zuvor hatte anfertigen lassen, um Ansprüche der Könige von Dänemark zurückzuweisen. Nach dem Tod des letzten Schauenburgers (1459) war Hamburg an Dänemark gekommen. Aber die Hamburger wollten frei sein, zumindest lieber dem deutschen Kaiser verpflichtet. Deswegen wiesen sie dem Reichskammergericht anhand eines ganzen Pakets von Fälschungen nach, daß ihre Stadt schon seit Karl dem Großen frei und kaiserlich gewesen sei. Seit 1768 trug Hamburg den Titel »Freie Reichsstadt«, der später in »Freie und Hansestadt« geändert wurde.
Als Heinrich Reincke 1907 nachwies, daß diese Titel und alle damit verbundenen Privilegien auf Fälschungen beruhen, hat der damalige Senat der »Freien und Hansestadt« ihm verboten, das zu veröffentlichen. Der Senat von 1907 wußte nicht, daß Fälschungen im Mittelalter ein geradezu legitimes Mittel waren, um sich durchzusetzen.

Der sogenannte Freibrief Kaiser Friedrich Barbarossas für Hamburg vom 7. Mai 1189, der aber eine Fälschung aus dem 13. Jahrhundert ist

Zeitgenössische Karikatur über die im 17. Jahrhundert ausgebrochene »Astronomiesucht«: Alle wollten plötzlich den Lauf der Sterne messen

G

wie Galilei: »Und sie bewegt sich doch« hat er nicht gesagt

Das hat sich festgefressen für alle Zeit, ja es ist für viele zu einem Trauma geworden: daß der Wissenschaftler Galileo Galilei von der Inquisition gezwungen worden sei, einer erwiesenen Wahrheit abzuschwören, weil rückständige Vertreter der katholischen Kirche in Rom es nicht hätten zugeben wollen, daß nicht die Erde im Mittelpunkt unserer Welt steht (wie einst Ptolemäus es gelehrt hatte), sondern daß die Sonne in ihrem Zentrum steht und daß die Erde und die anderen Planeten sich um sie bewegen. Zwar mußte der 70jährige Galilei wirlich in jenem berühmt gewordenen Inquisitionsprozeß von 1633 in Rom der kopernikanischen Lehre vom heliozentrischen Weltbild abschwören. Aber in Wahrheit lag das Problem ganz anders, als hernach behauptet wurde. Das Problem bestand darin, daß Galilei das kopernikanische System zu einer erwiesenen Wahrheit erklärt hatte, ohne jedoch den wissenschaftlichen Beweis dafür erbringen zu können. Dies konnte er ebensowenig wie ein Jahrhundert zuvor der Frauenburger Domherr Nikolaus → Kopernikus.

Galileo Galilei (1564 bis 1642) hatte das Werk des Kopernikus schon als junger Mann kennengelernt, doch scheint es ihn anfangs nicht überzeugt zu haben. Erst als Fünfziger hat Galilei sich zu den kopernikanischen Vorstellungen bekannt. Inzwischen hatte er mit einem Teleskop die Monde des Jupiters entdeckt. Die Jupiter-Monde zeigten, daß das ptolemäische System nicht bis in alle Einzelheiten stimmen konnte, denn sie drehen sich nicht um die Erde, sondern um den Jupiter. Und noch etwas hatte Galilei mit seinem Teleskop erkannt, nämlich daß die Venus ähnlich verschiedene Phasen zeigt wie der um die Erde laufende Mond. Daraus war zu erkennen, daß die Venus auf einer Bahn um die Sonne laufen muß. Also hatte Ptolemäus mit seiner Behauptung, daß sich alles um die Erde drehe, unrecht.

Nach diesen Entdeckungen wurde Galilei 1511 von Papst Paul V. in Audienz empfangen und vom Jesuitenkollegium ehrenvoll ausgezeichnet. Der Erste Mathematiker und Astronom des Kollegiums überzeugte sich durch eigene Beobachtungen von der Richtigkeit der Galileischen Entdeckungen. Mit ihm kam das ganze Kollegium zu der Auffassung, daß das ptolemäische System nicht mehr haltbar sei.

Aber die Unhaltbarkeit des ptolemäischen Systems war ja noch kein Beweis für die Richtigkeit des kopernikanischen. Auch war das kopernikanische System keineswegs so überzeugend, wie es heute oft behauptet wird. Eine ganze Reihe von Planetenbewegungen war mit der kopernikanischen Theorie nicht in Einklang zu bringen. Wie die Planeten wirklich um die Sonne laufen, wurde erst sehr viel später errechnet. Entscheidend ist nun dies: Als Arbeitshypothese ließen die Vertreter der katholischen Kirche die kopernikanische Theorie gelten, nicht aber als bewiesene Wahrheit. Damit bezogen sie einen durchaus korrekten Standpunkt; jeder andere wäre unwissenschaftlich gewesen.

Seltsamerweise war es Galilei, der über diesen Standpunkt hinausschoß. Dies geschah infolge einer Auseinandersetzung mit Universitätsprofessoren. Diese Professoren weigerten sich, die Existenz der Jupitermonde und die Phasenverschiebung der Venus anzuerkennen. Ja, sie weigerten sich sogar, den Himmel mit einem Teleskop zu beobachten. So hielten sie, orthodoxer als die Vertreter der Kirche, am ptolemäischen System eisern fest. Da erklärte Galilei sie und alle, die Kopernikus widersprachen, für »geistige Pygmäen, die es kaum verdienten, menschliche Wesen genannt zu werden«. Und er behauptete nun, die kopernikanische Theorie sei über jeden Zweifel erhaben.

Mit dieser unsinnigen Behauptung, deren Beweis er schuldig blieb, machte Galilei sich aber auch die Jesuiten zu Gegnern. Die Folge war ein Dekret des Heiligen Offiziums (vom 5. Mai 1616), das die Lehre von der Bewegung der Erde für falsch erklärte und das Werk des Kopernikus auf den Index setzte. Es sollte jedoch wieder zugelassen werden, wenn es an einigen Stellen geändert würde: Wo es das heliozentrische System als Wahrheit bezeichnete, sollte von Hypothese gesprochen werden, und die Erde durfte nicht als Stern bezeichnet werden. Schon 1620 waren diese Korrekturen gemacht, und das Werk des Kopernikus wurde vom Index wieder heruntergenommen. (Wenn es nicht neu gedruckt wurde, so deswegen, weil sich kein Verleger fand.)

Wenige Tage nach jenem Dekret vom 5. Mai 1616 wurde Galilei, der darin gar nicht erwähnt worden war, in Rom vom Papst empfangen. Man wußte in Rom sehr gut, daß Galilei an der Vervollkommung des kopernikanischen Systems arbeitete. Man hatte auch nichts dagegen. Man wollte nur nicht, daß Galilei es für absolut wahr ausgab. Eben dies aber hat er in den folgenden Jahren getan, ohne einen Beweis zu haben. Deswegen kam es zum Prozeß von 1633. Die Akten des Prozesses sind erhalten. Aus ihnen geht hervor, daß Galilei durchaus fair und korrekt behandelt wurde und daß er das viel zitierte Wort »Und sie bewegt sich doch« nicht gesagt hat. Und auch dies geht aus den Akten hervor: Galilei hat widerrufen, noch bevor er dazu überhaupt aufgefordert wurde.

Schuldig befunden wurde Galilei des

Ungehorsams, nicht etwa – was leicht möglich gewesen wäre, wenn die Kirche es gewollt hätte – der Ketzerei. Und Kopernikus erhielt das Verbot, das heliozentrische System weiterhin als kosmische Wirklichkeit zu lehren. Als astronomisch-mathematische Arbeitshypothese durfte es jedoch auch jetzt noch vertreten, diskutiert und ausgebaut werden. Also wurde der Weg zu weiterer Forschung bewußt offengehalten, schreibt der Augsburger Kirchenhistoriker Walter Brandmüller (»Galilei und die Kirche oder das Recht auf Irrtum«, Regensburg 1982).

Daß Galilei während des Prozesses im Kerker gesessen habe und gefoltert worden sei, sind spätere Erfindungen. Zwar galt Galilei während des Prozesses als Gefangener der Inquisition, aber er mußte nicht in einer Zelle sitzen. Man hatte ihm im Vatikanspalast eine Wohnung zur Verfügung gestellt, in der sein Diener für ihn sorgte. Noch vor Ende des Prozesses durfte Galilei in die Florentinische Botschaft zurückkehren; er war ja Mathematiker an der Akademie von Florenz, ja sogar Konsul und gehörte dem Florentinischen Rat der Zweihundert an und stand auch in Rom unter dem Schutz des Herzogs von Toscana.

Das Gericht verurteilte Galilei zu einer formalen Kerkerstrafe, die er nicht antreten brauchte. Gleich nach dem Prozeß konnte er Rom verlassen. Er wohnte dann eine Zeitlang beim Erzbischof von Siena, und die letzten Jahre seines Lebens wohnte und arbeitete er in dem Dorf Arcetri bei Florenz. Dort schrieb er sein letztes großes Werk, den »Dialog betreffend zwei neue Wissenschaften«, mit dem er die Grundlagen der mechanischen Physik schuf.

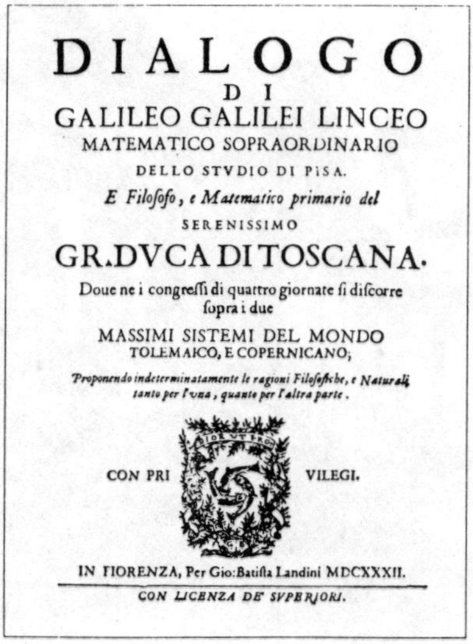
DIALOGO
DI
GALILEO GALILEI LINCEO
MATEMATICO SOPRAORDINARIO
DELLO STVDIO DI PISA.
E Filosofo, e Matematico primario del
SERENISSIMO
GR.DVCA DI TOSCANA.
Doue ne i congressi di quattro giornate si discorre sopra i due
MASSIMI SISTEMI DEL MONDO
TOLEMAICO, E COPERNICANO;
Proponendo indeterminatamente le ragioni Filosofiche, e Naturali tanto per l'vna, quanto per l'altra parte.
CON PRI VILEGI.
IN FIORENZA, Per Gio: Batista Landini MDCXXXII.
CON LICENZA DE' SVPERIORI.

Titelblatt von Galileis »Dialog«, 1632

Wann und wo immer gebaut wurde, ohne Gold und Geld ging es nie . . .

G wie Gold: Warum auf Thasos die Kassen immer voll waren

Eine der reichsten Städte Griechenlands war Thasos, gelegen an der Nordküste der gleichnamigen 379 Quadratkilometer großen und bis zu 1203 Meter hohen rundlichen Insel in der nördlichen Ägäis, 6 Kilometer vor der thrakischen Küste gegenüber der Nestos-Mündung. Der Reichtum von Thasos war sprichwörtlich. »Ein Wald von Gütern«, hieß es von der marmor-reichen, bewaldeten Insel und von der Stadt mit ihren eindrucksvollen Bauten. Thasos, von französischen Archäologen seit 1911 größtenteils ausgegraben, hatte eine monumental gestaltete Agora von 80 zu 90 Metern, an allen Seiten von Hallen und Staatsgebäuden umbaut, mit einem gesondert ummauerten Zeus-Tempel. In der Stadt gab es noch zahlreiche andere Tempel, die – wie nahezu alle Tempel im damaligen Griechenland – zugleich eine Art Kreditinstitute waren (→ Tempel).

Thasos besaß ein Odeion, ein Theater, eine große Akropolis, und die ganze Stadt war von einer starken Befestigungsmauer schützend umgeben, die sogar den Kriegshafen mit einschloß. Die Mauer ist mehrmals zerstört, einmal sogar geschleift worden; immer wieder war das reiche Thasos Angriffen ausgesetzt, nicht nur von außergriechischen Völkern, wie den Persern unter Dareios I., sondern auch von den Makedoniern unter Philipp II. und von den Athenern. Mehrmals mußten die Thasier den Siegern ihre Silber- und Goldschätze ausliefern. Kein Wunder, daß sie viel für Rüstung aufwendeten; ihnen wird die Erfindung der ganz gedeckten Kriegsschiffe zugeschrieben.

Unklar war bisher, wie die Thasier zu ihrem Reichtum gekommen waren und wie sie ihre Schatzkammern, wenn man sie ihnen ausgeraubt hatte, stets wieder auffüllten. Zwar wußte man, daß sie auf ihrer Insel Kupfer gewannen, und zwar in Bergwerken. Und der Weltreisende Herodot und »Vater der Geschichtsschreibung«, der im 5. vorchristlichen Jahrhundert nach Thasos kam, behauptete sogar, die Thasier hätten Goldbergwerke gehabt, die schon 500 Jahre zuvor von den Phöniziern dort angelegt worden seien. Wörtlich schrieb Herodot: »Einen großen Berg haben die Goldgräber umgewühlt.« Doch hielt man dies für eine maßlose Übertreibung, ja für dichterische Erfindung.

Vor kurzem aber fanden Prof. G. Wagner und Dr. E. Pernicka vom Heidelberger Max-Planck-Institut für Kernphysik heraus, daß Herodot hier keineswegs erfunden oder auch nur übertrieben hatte. Beim Erforschen der Herkunft archaischer Silbermünzen waren die Wissenschaftler auf die Insel Thasos aufmerksam geworden, und zwar durch eine geologische Dissertation von 1929, in der es hieß, es gäbe auf Thasos noch »unzählige Galerien und Schächte« antiker Bergwerksstollen.

Zusammen mit griechischen Geologen und Experten für Bergbau-Exploration unternahm die Heidelberger Gruppe

Im Mittelalter und noch in der Neuzeit, als die meisten antiken Goldbergwerke längst ausgeräumt worden waren, versuchten Alchimisten, verschiedene Elemente zu Gold zu veredeln, was lange vor ihnen schon die Ägypter vergeblich versucht hatten

eine Exkursion dorthin. Zunächst konnten sich die Männer in dem von Herodot ziemlich genau bezeichneten Gebiet, das von dichtem Gestrüpp überwuchert und voller Schlangen war, kaum zurechtfinden. Aber ein alter Einwohner, der dort in seiner Kindheit Ziegen gehütet hatte, führte sie in etwa 340 Meter Höhe an eine enge Öffnung. Es war der Zugang eines verzweigten Systems von Gängen und Stollen, das sich etwa 100 Meter tief in den Bergrükken hinein fortsetzte.

An den Wänden waren noch die verrußten Nischen zu erkennen, in denen die Bergleute, wahrscheinlich Sklaven, vor 3000 Jahren ihre Öllampen aufgestellt hatten. Außerdem waren Gezähespuren zu erkennen, also Rillen und Einschläge im gewachsenen Gestein, die durch die Bearbeitung mit Hammer, Meißel oder Spitzhacke entstanden waren. Später fand sich noch ein anderes Stollensystem.

In Heidelberg bestätigten Labor-Analysen, die an mitgebrachten Gesteinsproben durchgeführt wurden, daß man tatsächlich auf zwei alte Goldgruben gestoßen war. In Erzproben fanden sich sogar einzelne, winzige Körner, teils aus reinem Gold, teils mit 5 bis 20 Prozent Silber vermischt.

Bei einem weiteren Besuch auf Thasos, im Jahr 1980, kamen die Wissenschaftler in ein anderes Stollensystem. Es ist noch sehr viel größer als die anderen und es befindet sich in der Stadt Thasos, direkt unter der Akropolis. Auf dieses System waren die Heidelberger von französischen Geologen aufmerksam gemacht worden. Die Franzosen hatten alte Berichte deutscher Geologen gefunden, die hier während der türkischen Zeit vor dem Ersten Weltkrieg auf abbauwürdige Erzlagerstätten prospektiert hatten. Aufgrund der grünen Farbe des Gesteins in den alten Gängen vermuteten die Franzosen, auf ein altes Kupfer- oder Eisenerz-Bergwerk gestoßen zu sein, und sie hatten ihre Entdeckung auch mit diesem Ergebnis in Fachzeitschriften veröffentlicht.

Die Heidelberger waren vor allem von der Ausdehnung des Stollensystems unter der Akropolis verblüfft. Es dauerte mehrere Stunden, bis alle Galerien begangen waren. Ein am Fuß der Akropolis gefundenes Goldstück brachte die Deutschen auf die richtige Idee, und die mitgenommenen Erzproben zeigten dann auch: In Wirklichkeit handelte es sich bei dem Stollensystem unter der Akropolis ebenfalls um ein Goldbergwerk. So steht heute für die Archäometer des Heidelberger Max-Planck-Instituts für Kernphysik fest: Nicht nur der von Herodot genannte Bergrücken, sondern die ganze Ostseite der Insel Thasos muß eine gewaltige Goldgrube gewesen sein.

Wie dieser Holzschnitt von Lucas Cranach d. Ä. zeigt, gab es die »Köpfmaschine«, die »Diehle«, schon lange vor der Guillotine

G wie Guillotine: In England und Deutschland gab es sie längst

Die Guillotine, das schauerlich-berühmte Fallbeil, das in Frankreich während der Französischen Revolution eingeführt wurde und von dem es viele Exemplare gab, nämlich mindestens eine in nahezu jeder französischen Stadt, hat den Namen nach dem französischen Arzt Dr. Josef Ignace Guillotin. Aber zu Unrecht wird Dr. Guillotin, der 1789 zu den Deputierten der Nationalversammlung gehörte, von vielen für den Erfinder der Guillotine gehalten. Dr. Guillotin hatte lediglich (am 10. Oktober 1789, also drei Monate nach dem Ausbruch der Revolution) in der Nationalversammlung den Antrag gestellt, künftig die Todesstrafe in einer für alle Stände gleichen, humaneren Form vollstrecken zu lassen. Und dafür schien ihm eine »Köpfmaschine« am besten geeignet.

Es wäre unbillig, dem als freundlich geschilderten Arzt bei seinem Vorschlag anderes zu unterstellen als eben jene Motive der Gleichheit und Gleichberechtigung aller Menschen, die auch bei der Todesstrafe gelten sollten. Daß sich die Geschichte der von Guillotin beantragten Köpfmaschine später so ganz anders entwickelte, so völlig im Widerspruch zu allem Humanen, konnten sich zu jener Zeit, als die Revolution ja noch ganz unblutig verlief, weder er noch die anderen Deputierten vorstellen. Und das ist ihm gewiß nicht anzulasten.

An jenem 10. Oktober 1789 reagierten die Vertreter der Nationalversammlung auf seinen Antrag, indem sie den Sekretär der Chirurgischen Akademie zu Paris, Dr. Antoine Louis, um ein Gutachten über einen solchen Hinrichtungsapparat baten und um die Anfertigung eines Modells. Erstaunlicherweise konnte sich Dr. Louis für beides etwa zweieinhalb Jahre Zeit lassen. Erst im März 1792 war das Modell fertig, übrigens nicht von Dr. Louis gebaut, sondern von einem deutschen Mechaniker namens Schmitt. Auch das Gutachten (nach heute gängigem Maß kaum zwei Schreibmaschinenseiten lang) lag nun vor, unterzeichnet am 7. März 1792. Darin erklärte Dr. Louis die unterschiedlichen Wirkungen von geraden und convexen Schneiden, lobte die alten Streitäxte wegen ihres scharfen Schnitts, meinte aber, daß es für einen »Vollzieher« nicht immer möglich sein könne, den Hals eines Opfers so sicher zu durchschlagen, daß »auf eine schleunige und völlige Trennung gewiß zu rechnen sei«, weil dessen »Geschicklichkeit durch moralische oder physische Ursachen« einem Wechsel unterworfen sei.

In der Tat gibt es ja genug Beispiele für schlechte Henkersarbeit. Eines der berühmtesten ist die Hinrichtung Maria Stuarts: da gelang es dem Henker erst mit dem dritten Schlag, der Königin den Kopf vom Rumpf zu trennen. »Es wird zur Unfehlbarkeit der Procedur notwendig erfordert«, schrieb Dr. Louis, »daß solche von mechanischen unveränderlichen Kräften abhänge, deren

Am 28. Juli 1794 wurde auch der Jakobiner Maximilien de Robespierre ein Opfer der Guillotine

Stärke und Wirkung auf das genaueste bestimmt werden könne.« Das jedoch sei nur durch eine Köpfmaschine zu erreichen: nur durch sie werde »die Enthauptung dem Geiste und Wunsche des neuen Gesetzes gemäß in einem Augenblick« möglich sein.
In seinem Gutachten beschrieb Dr. Louis, wie eine solche Maschine funktionieren müsse. Und da zeigt sich nun, daß er sich auf eine schon in Betrieb befindliche Köpfmaschine berief. Also hat auch er, der mindestens so oft wie Dr. Guillotin als ihr Erfinder genannt wird, die Maschine nicht erfunden, die anfangs seinen Namen trug, nämlich »Louisette« oder »Petit Louison«. Was er beschrieb, gab es bereits bei den Briten: »Man hat diese Todesart in England eingeführt. Der arme Sünder wird auf den Bauch zwischen zwei Pfähle oder Pfosten gelegt, die oben durch ein

Querholz verbunden werden, von welchem man das convexe Beil auf den Hals herabfallen läßt. Der Rücken des Instruments muß stark und schwer genug sein, um gehörig wirken zu können, ungefähr wie der Fallbock beim Pfähle-Einrammen wirkt. Es ist bekannt, daß seine Kraft sich in dem Maße der Höhe multipliziert, aus welcher er herabfällt.« – Daß es eine solche Vorrichtung längst auch in Deutschland gab, und zwar schon im 16. Jahrhundert, zeigt ein Holzschnitt von Lukas Cranach, auf dem eine Hinrichtung durch das Fallbeil dargestellt ist.

Die Franzosen führten die Köpfmaschine erst ein, nachdem Ludwig XVI. – zu der Zeit noch König – das Modell und die humane Todesart (die er bald am eigenen Hals erfahren mußte) theoretisch für gut befunden hatte. Für den Bau der »nützlichen« Maschinen stellte der längst bankrotte Staat am 25. März 1792 sieben Millionen Livres zur Verfügung. Die Maschinen wurden gerade rechtzeitig fertig, um den Jacobinern unter Robespierre, den Führern der zweiten, radikalen Revolution, als willkommenes Instrument ihrer Schrekkensherrschaft dienen zu können – bis auch diese Diktatoren selber wie vor ihnen der König und Tausende »Konterrevolutionäre« ihre Opfer wurden.

Übrigens: als die Köpfmaschinen in Frankreich gerade ihre volle »Nützlichkeit« erwiesen, Ende 1793, kam in Weimar der 45jährige Goethe auf die Idee, seinem Söhnchen August zum vierjährigen Geburtstag und zugleich zu Weihnachten eine Spielzeug-Guillotine zu schenken. Aber als er seine Mutter bat, ein solches Ding in Frankfurt aufzutreiben (weil es das in Weimar wohl nicht gab), holte er sich bei der Frau Rath eine entschiedene Abfuhr:

»Lieber Sohn! Alles was ich dir zu gefallen thun kan, geschieht gern und macht mir selbst Freude – aber eine solche infame Mordmaschine zu kaufen – das thue ich um keinen preiß – wäre ich Obrigkeit die Verfertiger hätten an Halseißen gemußt – und die Maschine hätte ich durch den Schinder öffentlich verbrennen laßen – was! Die Jugendt mit so etwas abscheuliches spielen zu laßen – ihnen Mord und Blutvergießen als einen Zeitvertreib in die Hände geben – nein da wird nichts draus.«

Frauen und Männer treiben auf dem Blocksberg ihr Hexenwesen (17. Jahrh.)

H

wie Hexen: Auch Humanisten forderten ihre Verbrennung

Wenn von Hexenverbrennungen die Rede ist, wird fast immer nur an Frauen gedacht, an weibliche Hexen also. Und fast immer wird das ganze Phänomen jener fürchterlichen Verirrungen auf dumpfen Aberglauben zurückgeführt, auf Mangel an Bildung, Wissen, Vernunft. Aber in Wirklichkeit war es anders.

Hunderttausende – die Zahl mag zwischen 300000 und 500000 liegen – wurden in Europa während des 15., 16. und 17. Jahrhunderts wegen Hexerei verbrannt, auch und vielleicht vor allem in deutschen Landen. Der Jesuit und Dichter Friedrich von Spee (1591–1635), Professor für Moraltheologie in Paderborn, einer der wenigen jener Zeit, die dem Hexenwahn kritisch gegenüberstanden, schrieb (allerdings anonym):

»Ob in Deutschland mehr Zauberer, Hexen und Bösewichter sind als anderswo? Es raucht nämlich in Deutschland überall. Und dies Rösten, Sengen und Brennen hat in unserem lieben Vaterland so überhand genommen, daß das der deutschen Ehre im Ausland in nicht geringem Maße Abbruch getan haben wird.«

Besonders schlimm war es in Bamberg. Ein Flugblatt von 1659 nannte unter den dort als Hexen Hingerichteten: »Den Kanzler von Dr. Haar, des Kanzlers Sohn, sein Weib und zwei Töchter, auch viele vornehme Herren..., die mit dem Bischof an der Tafel gesessen, sind alle gerichtet und zu Asche verbrannt worden... Und haben bekannt, daß sich ihrer über die 1200 miteinander verbunden haben... Es sind auch etliche katholische Geistliche darunter gewesen, die so große Zauberei und Teufelskunst getrieben, daß nicht alles zu beschreiben ist, wie sie in ihrer Pein bekannt, daß sie viele Kinder in Teufels Namen getauft haben... Es haben auch Zauberinnen bekannt, wie ihrer 3000 in der Walpurgisnacht auf dem Kreydeberg bei Würzburg auf dem Tanz gewesen ... Es sind etliche Mägdlein von sieben, acht, neun und zehn Jahren unter diesen Zauberinnen gewesen; 22 von ihnen sind verbrannt worden...«

Aus anderen Orten gibt es ähnliche Aufstellungen. Alle zeigen, daß keineswegs – wie fälschlicherweise immer wieder unterstellt wird – nur Frauen wegen Hexerei verurteilt wurden. Zwar traf es sie am häufigsten, aber auch Männer wurden angeklagt, gefoltert und – nachdem sie unter der Folter »gestanden« hatten – verbrannt.

Und viele Kinder. Der Vorwurf, Hexerei zu betreiben, meistens auf anonymer Denunziation beruhend, konnte jeden treffen, hoch und niedrig, arm und reich, Frau und Mann. Ihn zu entkräften war nahezu unmöglich. Zu viele Menschen waren davon überzeugt, daß es Hexen und Hexer gab, die Böses taten und die verbrannt werden müßten, weil nur durch ihre totale Ausrottung, ihre physische Vernichtung, die Macht des Teufels gebrochen werden könne.

Hier ist eine zweite Korrektur an den allgemein verbreiteten Vorstellungen über den Hexenwahn notwendig. Wenn nach Ursachen gesucht wird, nach Schuldigen, dann ist immer wieder von Massenhysterie die Rede und von der unwissenden, ungebildeten, abergläubischen Volksmasse, die nicht zur Vernunft zu bringen gewesen sei, und vom »finsteren« Mittelalter, das über Vernunft und Geist triumphiert habe. Aber Ursache war die irregeleitete Vernunft selber: es waren Wissenschaftler, Universitätsprofessoren, hochangesehene Theologen, Philosophen, Philologen, Juristen, die die Existenz von Hexen, die von der Kirche jahrhundertlang bestritten worden war, für wahr und ihre Verfolgung für notwendig erklärten.

Als Kaiser Maximilian I., ein gebildeter Anhänger des Humanismus, wissen wollte, ob es Hexen gebe und ob sie wirklich gefährlich seien, bat er (im Jahr 1508) den Humanisten Johannes Trithemius, Abt des Schottenklosters zu Würzburg, um ein Gutachten. In dessen Antwort hieß es:

»Leider ist die Zahl solcher Hexen in jedem Landesteil sehr groß, und selbst im kleinsten Ort findet man noch eine Hexe... Es sterben Menschen und Vieh durch die Schlechtigkeit dieser Weiber...«

Wie andere Gutachter auch stützte sich Johannes Trithemius auf den 1487 er-

MALLEVS
MALEFICARVM,
MALEFICAS ET EARVM
hæresim frameâ conterens,
EX VARIIS AVCTORIBVS COMPILATVS,
& in quatuor Tomos iustè distributus;
QVORVM DVO PRIORES VANAS DÆMONVM versutias, præstigiosas eorum delusiones, superstitiosas Strigimagarum cæremonias, horrendos etiam cum illis congressus; exactam denique tam pestiferæ sectæ disquisitionem, & punitionem complectuntur. Tertius praxim Exorcistarum ad Dæmonum, & Strigimagarum maleficia de Christi fidelibus pellenda; Quartus verò Artem Doctrinalem, Benedictionalem, & Exorcismalem continent.
TOMVS PRIMVS.
Indices Auctorum, capitum, rerùmque non desunt.
Editio nouissima, infinitis penè mendis expurgata; cuique accessit Fuga Dæmonum & Complementum artis exorcisticæ.
Vir siue mulier, in quibus Pythonicus, vel diuinationis fuerit spiritus, morte moriatur
Leuitici cap. 10.
LVGDVNI,
Sumptibus CLAVDII BOVRGEAT, sub signo Mercurij Galli.
M. DC. LXIX.
CVM PRIVILEGIO REGIS.

Titelblatt des »Hexenhammers«, des berüchtigten Handbuchs zur Hexenverfolgung, das 1487 zuerst erschien

schienenen »Hexenhammer« (»Malleus maleficarum«) von den Dominikanern H. Institoris und J. Sprenger, die kraft einer päpstlichen Bulle zur Hexenverfolgung bevollmächtigt waren. Diese Schrift wurde zum Handbuch der Hexenprozesse und brachte es bis 1669 auf 30 Auflagen. Zu ihrer großen Verbreitung half eine Erklärung des Dekans der Kölner Universität, daß sie mit der Wahrheit des katholischen und apostolischen Glaubens nicht in Widerspruch stehe. Diese Erklärung redigierten die Verfasser in eine Approbation um, eine wissenschaftliche Anerkennung der theologischen Fakultät der Kölner Universität (was erst 450 Jahre später als Fälschung entlarvt wurde). Aber ob Fälschung oder nicht – es gab zu jener Zeit keinen Gutachter, der die Existenz von Hexen und ihre Gefährlichkeit zu bestreiten wagte. Und außer dem (vielleicht überschätzten) »Hexenhammer« gab es viele andere Schriften über die Gefährlichkeit der Zauberer und Hexen.

Finsteres Mittelalter? Es war zugleich die Zeit der Renaissance, des Humanismus und der Reformation. Auch die Humanisten waren für die Ausrottung der Hexen und Zauberer. Auch der Arzt Paracelsus. Ebenso die Reformatoren. Auch Luther hat, ausgehend von Ex. 22, 17 (»Die Zauberinnen sollst du nicht leben lassen«), gefordert – und zwar mehrmals und nachdrücklich –, daß Hexen getötet werden müßten und man mit ihnen »keine Barmherzigkeit« haben solle; denn Zauberei und Hexerei seien des Teufels eigene Werke.

Hexenritt (Holzschnitt aus der Schedelschen Weltchronik [1493])

Die waffentechnische Überlegenheit der Spanier über die nur mit Pfeil und Bogen, Steinschleudern und der Ayllos kämpfenden Indianer allein hätte den raschen Sieg der Eroberer nicht möglich gemacht

I

wie Indianer: Im Bündnis mit den Spaniern sich gegenseitig umgebracht

Wenn von der Eroberung Mittelamerikas durch die Spanier die Rede ist, von den raschen Siegen der Konquistadoren über die Indianer, von der Vernichtung der hochzivilisierten Inkas und Azteken im 16. Jahrhundert, dann taucht stets die Frage auf, wie es denn eigentlich möglich war, daß eine Handvoll Spanier die zahlenmäßig so weit überlegenen Eingeborenen in so kurzer Zeit militärisch besiegen, teils vernichten, teils versklaven oder zumindest vertreiben konnte. Als Hauptgründe werden dann immer wieder genannt:

- Die waffentechnische Überlegenheit; während die Indianer mit Pfeil und Bogen, Steinschleudern und der Ayllos (einer Schnur, unterteilt in drei Schnürchen, an deren Ende kleine Metallkugeln befestigt waren) kämpften, waren die Spanier nicht nur mit Lanzen, Schwertern, Armbrust, sondern auch mit Hakenbüchsen und Feldkanonen ausgerüstet. Vor allem das Knallen und Donnern dieser Fernwaffen habe die Eingeborenen in ungeheuren Schrecken versetzt.
- Der Einsatz von Pferden; da Pferde den Indianern unbekannt waren, habe der Auftritt von Berittenen sie psychologisch stark eingeschüchtert, weil sie Reiter und Pferd für ein einziges Wesen von überragender Kraft gehalten hätten.
- Außerdem hätten viele Eingeborene nicht nur Reiter mit Pferden, sondern überhaupt die Weißen für Götter oder doch für Abgeordnete ihrer Götter gehalten, deren Ankunft beziehungsweise Wiederkunft sie längst erwartet hatten.

Dies alles ist nun keineswegs aus der Luft gegriffen, aber die rasche Eroberung Mittelamerikas ist damit allein nicht zu begründen. Von dem Schrekken, den die Feuerwaffen hervorriefen, erholten sich die Eingeborenen schnell; das heißt, sie gewöhnten sich an den Donner der Büchsen und Kanonen. Der Erfolg der Feuerwaffen wurde bisher überschätzt, meint Professor Fernand Salentiny in seinem Buch »Santiago! Die Zerstörung Altamerikas« (Umschau-Verlag, 1980); das Laden der Hakenbüchsen geschah langsam und umständlich, und in dem feuchtheißen Klima verdarb das Pulver leicht. Und das »Ungetüm« Reiter und Pferd betreffend, fanden die Indianer schnell heraus, daß sie keine Einheit bildeten und daß sowohl Reiter als auch Pferde nicht unverletzbar waren. Auch konnten Pferde nicht in großen Mengen in die Neue Welt geschafft werden, weil das sehr kostspielig gewesen wäre. Und die

Vorstellung schließlich, die Konquistadoren seien Götter, denen man sich freiwillig unterwerfen müsse, wurde durch deren grausames Vorgehen schon gleich zu Anfang ad absurdum geführt. Wie groß die Zahl der Konquistadoren und Soldaten war, die zwischen 1509 und 1560 nach Altamerika kamen, weiß man nicht. Sie wird zwischen 50000 und 100000 vermutet. Unzweifelhaft waren die Eingeborenen den Eroberern, denen es mehr und mehr darum ging, das sagenhafte Goldland Eldorado zu finden, zahlenmäßig weit überlegen. Salentiny schreibt: »Schätzungsweise dürften im späteren Spanisch-Amerika ungefähr 60 bis 70 Millionen ›Altamerikaner‹ gelebt haben.«
Die Militärstrategen Kaiser Karls V. daheim in Europa waren überrascht, daß die Konquistadoren sich gegen die zahlenmäßig so hoch überlegenen Indianer überhaupt halten konnten. Aber auch sie kannten noch nicht den eigentlichen Grund, nämlich, daß die Spanier von verschiedenen Indianerstämmen militärische Hilfe erhielten. Weitverbreitet, aber falsch ist ja die Vorstellung, in Amerika hätten vor der Entdeckung durch Kolumbus paradiesische Zustände geherrscht. In Wahrheit hatten sich zum Beispiel die Azteken ihre herausragende Stellung durch kriegerische Eroberung verschafft. Und während der etwa acht Jahrzehnte vor Ankunft der Europäer machten sie sich die meisten anderen Stämme tributpflichtig.
Einige dieser Stämme erhofften sich von

Als Held wird noch heute der Aztekenherrscher Cuauhtemoc in Mexiko verehrt

den Spaniern die Wiederherstellung ihrer Unabhängigkeit. Die Herrscher von Tlaxcala stellten Cortez 12000 bis 15000 Krieger zur Verfügung. Ohne sie – so Fernand Salentiny – hätte der Spanier die Eroberung von Tenochtitlan, der prächtigen Aztekenhauptstadt mit den großen Tempelpyramiden, wochen- oder monatelang hinausschieben müssen (wenn sie ihm überhaupt gelungen wäre). Und in Altperu waren es, schreibt Salentiny, »die Stämme der Kanarr, Wanka und Chachapuyas, die ›ewigen‹ Rebellen im Lande der Inka, die Pizarro bei der Niederwerfung des Inkareiches behilflich waren. Man darf heute ruhigen Gewissens behaupten, daß die altamerikanischen Reiche kaum ohne die massive militärische Hilfe der Eingeborenen... hätten bezwungen werden können, jedenfalls nicht auf die bekannte Art und Weise und nicht so schnell. Während aller Eroberungszüge der Spanier in Altamerika bildeten die einheimischen Krieger die Mehrheit der spanischen Streitmacht.«

All jenen Indianern aber, die den Spaniern halfen, ihre Landsleute schneller zu unterwerfen, hat dieses (teils freiwillige, teils erzwungene) Verhalten am Ende wenig eingebracht. Auch gegen sie gingen die Konquistadoren schließlich mit aller Grausamkeit vor, wozu sie sich um so mehr berechtigt glaubten, als nach einer weitverbreiteten und ernsthaft vertretenen Meinung Indianer nicht zu den Menschen zählten.

Cortez

Der Escorial, das spanische Königsschloß (mit Augustinerkloster) bei Madrid. Heute birgt er eine der bedeutendsten Gemäldesammlungen der Welt und eine Bibliothek mit kostbaren Handschriften. Philipp II. ließ ihn (seit 1563) als königliche Residenz errichten

I wie Infant von Spanien: Don Carlos war kein Freiheitskämpfer

Er ist unsterblich geworden, obgleich er nur 22 Jahre alt wurde und in dieser Zeit nichts Positives vollbracht hat. Er lebt fort als eine Art Freiheitsheld: Don Carlos, Infant von Spanien, der einzige Sohn König Philipps II., geboren am 8. Juli 1545 in Valladolid. Nicht nur in der Dichtung ist er als Opfer eines tyrannischen Vaters dargestellt worden (etwa in Schillers Trauerspiel, aber mehr noch in zahlreichen anderen Dramen, die alle, wie vor allem die Tragödie des Engländers Thomas Otway, auf einem verfälschenden Bericht des Abbé Saint-Réal zurückgehen). Zum Freiheitskämpfer aber wurde Carlos, der seit 1560 als spanischer Thronfolger galt, schon in der Politik gemacht, und zwar von den protestantischen Niederländern, die eben zu jener Zeit versuchten, die spanische Herrschaft abzuschütteln; sechs Wochen bevor Don Carlos starb, wurden in Brüssel die niederländischen Grafen Egmont und Hoorn von den Spaniern hingerichtet. Mit ihnen aber hatte Don Carlos nichts gemein; er war kein Kämpfer für die Freiheit.

Richtig ist nur, daß auch er – wie die Niederländer – gegen Philipp II. war, seinen nur achtzehn Jahre älteren Vater, den er oft als Bruder bezeichnete, während er von seinem Großvater, Kaiser Karl dem V., als seinem »Vater« sprach. Den wirklichen Vater wollte er nicht anerkennen, weil er ihm überall im Wege stand. Was sich da abspielte, war eine Vater-Sohn-Tragödie, die jedoch ihren besonderen Aspekt darin hatte, daß der Infant in mancherlei Hinsicht zurückgeblieben war.

Das war gewiß nicht seine Schuld. Aber es verschloß ihm alle Möglichkeiten. In zeitgenössischen Beschreibungen wird Carlos als auffallend klein und körperlich schwach geschildert; er hatte einen zu großen Kopf, eine gelblich-grüne, ungesunde Gesichtsfarbe, eine eingefallene, rachitische Brust, eine verwachsene, bucklige Schulter. Und Carlos war auch geistig zurückgeblieben. Entwikkelt schien bei ihm, bis ins Maßlose, nur sein Ehrgeiz, nach oben zu kommen. Dazu aber fehlte es ihm an Kraft und Intelligenz. Und der enttäuschte Vater, der den überdies schon früh an Malaria leidenden Carlos lange Zeit für unfähig hielt, irgendein Amt zu übernehmen, öffnete ihm keinen Weg.

Alles wurde noch schlimmer, als Carlos einen schweren Unfall erlitt. Er stürzte eine Treppe hinunter, wobei er sich eine lebensgefährliche Kopfverletzung zuzog, so daß ihm bereits die Sterbesakramente erteilt wurden. Die Fieberanfälle kamen häufiger, fast ständig fühlte er sich matt, und immer öfter gab sein Geisteszustand dem Vater Anlaß zu Besorgnis. Dennoch war Philipp jetzt dafür, dem inzwischen Neunzehnjährigen Verantwortung zu übertragen. Aber das führte zu nichts Gutem; im Grunde blieb Carlos an den ihm übertragenen Aufgaben desinteressiert. Die größere Freiheit, die ihm seine Stellung und seine Einkünfte brachten, nutzte er, um gegen den Vater zu intrigieren. Und zugleich wuchs seine Furcht, verfolgt zu werden; er scheint schließlich an echtem Verfolgungswahn gelitten zu haben. Für seine Räume ließ er sich besondere Türsicherungen anfertigen, und nie schlief er unbewaffnet.

Da der Infant immer aggressiver wurde, gegen seine ganze Umgebung, gegen Verwandte und hohe Würdenträger des Staates und der Kirche, und plötzlich Macht und Einfluß haben wollte und den Oberbefehl in den Niederlanden beanspruchte, sah Philipp II. schließlich keine andere Möglichkeit, als Carlos von der Thronfolge auszunehmen. Ja, nach langem Zögern hat Philipp sich sogar entschieden, seinen Sohn von der Umwelt zu isolieren.

Das geschah, nachdem Carlos dem Halbbruder seines Vaters, Don Juan d'Austria, dem Sieger von Lepanto, gestanden hatte, ins Ausland fliehen zu wollen. Ihm hatte er sogar angedeutet, seinen Vater umbringen zu wollen. Diese Absicht hatte Carlos auch während einer Beichte eingestanden. Zunächst hatte er jedoch nur bekannt, gegen einen Menschen so feindselig eingestellt zu sein, daß er ihn bis in den Tod verfolgen müsse. Daraufhin war ihm die Absolution verweigert worden. Da er auf sie nicht verzichten wollte, fragte er mehrere Theologen um Rat. Sie boten ihm folgende Möglichkeit an: Er müsse die betreffende Person nennen; immerhin sei ja denkbar, daß er schwerwiegende Gründe habe, sie bis in den Tod zu verfolgen; für diesen Fall sei eine Absolution nicht ausgeschlossen. Carlos ist auf diese Möglichkeit eingegangen. In seinem Wahn hielt er seine Mordabsichten offenbar für berechtigt; so sehr fühlte er sich beleidigt, mißachtet, zurückgesetzt. Er nannte die Person, nannte seinen Vater.

Philipp selber hat seinen Sohn, der schon dabei war, die Flucht ins Ausland vorzubereiten, in seinen Räumen gefangengenommen. Noch bevor es zu einem Prozeß kam, ist Carlos in der Haft gestorben. Nicht durch Gift, wie später behauptet wurde, auch nicht infolge einer geheimen Hinrichtung. Das Fieber hatte ihm während dieser Zeit immer heftiger zugesetzt, und Carlos verweigerte zeitweise die Nahrung, um dann wieder mit um so größerer Gier zu essen.

Daß sein Sohn gegen ihn wirklich Mordabsichten hegte, hat Philipp nicht wahrhaben wollen; jedenfalls hat er das in der Öffentlichkeit immer abgestritten.

J

wie Jesus: Geboren von einer Jungfrau oder einer jungen Frau?

In der Grotte unter der Geburtskirche zu Bethlehem ist in den Boden eingelassen ein Silberstern. Er trägt die Inschrift: »Hic de Virgine Maria Jesus Christus natus est« – »Hier wurde von der Jungfrau Maria Jesus Christus geboren«. Daß Jesus in Bethlehem auf die Welt gekommen sei, wird im Evangelium des Lukas dargestellt in der sogenannten »Weihnachtsgeschichte«. Auch im Evangelium des Matthäus wird Bethlehem als Jesu Geburtsort genannt. Aber Markus und Johannes sagen nichts von Bethlehem; sie nennen ihn den Nazarener, womit sie wahrscheinlich meinen, daß er aus Nazareth in Galiläa stammt. Johannes weist sogar die Behauptung, Jesus stamme aus Bethlehem, ausdrücklich zurück.

Die meisten heutigen Leben-Jesu-Forscher, sowohl Historiker als auch evangelische und katholische Theologen und Experten für neutestamentliche Forschung, verstehen die Behauptung von Matthäus und Lukas, Jesus sei in Bethlehem auf die Welt gekommen, als den literarischen Versuch, die Geburt des Messias so darzustellen, wie sie im Alten Testament angedeutet ist. Im Alten Testament heißt es, der Messias werde aus der Stadt Davids kommen. Damit war Bethlehem gemeint. Dort wurde David geboren und später, als König, gesalbt.

Weil überdies prophezeit war, daß der Messias ein Davide sein werde, ein Nachkomme König Davids, konstruierten Matthäus und Lukas für Jesus Stammbäume, die seine Abkunft von David und dem noch viel älteren Abraham belegen sollten. Aber mit diesen Stammbäumen, die übrigens recht unterschiedlich ausfielen, aber beide über Joseph geführt werden, obgleich Joseph ja gar nicht als Jesu leiblicher Vater gilt, taucht sofort ein neues Problem auf: Sie lassen sich mit der jungfräulichen Geburt des Messias nicht in Einklang bringen.

»Hic de Virgine Maria ...« – Hier wurde von der *Jungfrau* Maria Jesus Christus geboren. Hatten Matthäus und Lukas das nicht bedacht, als sie die Stammbäume aufstellten? Oder haben sie an die jungfräuliche Geburt nicht geglaubt? Aber Matthäus sagt doch ausdrücklich, Maria sei schwanger gewesen vom Heiligen Geist. Und auch Johannes sagt einmal, Jesus habe keinen anderen Vater gehabt als Gott.

Innerhalb der Kirche ist lange darüber gestritten worden, ob die Angaben über die jungfräuliche Geburt wörtlich zu nehmen seien. Wie schon die Behaup-

Die heilige Jungfrau im Rosenhag (Kölner Schule)

tung, Jesus sei in Bethlehem geboren, gehen auch sie auf Prophezeiungen zurück. Der Prophet Jesaja hat gut siebenhundert Jahre zuvor gesagt (was vielleicht erst zweihundert Jahre später in der überlieferten Form des Jesaja-Buches schriftlich fixiert wurde): »Siehe, eine Jungfrau ist schwanger und wird einen Sohn gebären ...« Diese Stelle hat Matthäus (1,23) aufgenommen. Aber im hebräischen Urtext des Jesaja-Buches steht gar nicht – wie Matthäus

(oder seine Quelle) ins Griechische und Luther später ins Deutsche übersetzten – »Jungfrau«, sondern – wie die Zürcher Bibel übersetzt – »junges Weib« (Jes. 7,14)!
Wenn Matthäus die jungfräuliche Geburt so sehr betonte und dabei die Jesaja-Stelle vielleicht absichtlich falsch übersetzte, dann geschah dies – so der englische Historiker Michael Grant – »um damit auf die überragende und einzigartige Autorität Jesu hinzuweisen.«
Die jungfräuliche Geburt war übrigens kein grundsätzlich neuer Gedanke. Lange zuvor war von bedeutenden Persönlichkeiten (meist des politischen Bereichs), denen man göttliche Eigenschaften oder göttliche Herkunft zuschrieb, behauptet worden, sie seien – gezeugt auf außergewöhnliche Weise – von Jungfrauen geboren worden.
Vielleicht der erste, der das von sich selbst behauptete, war der assyrische König Sargon I., gut zweieinhalb Jahrtausende vor Christus. Nach der von Zarathustra gegründeten Lehre des Parsismus soll auch der noch zu erwartende awestische Erlöser, der Saoschjant, von einer Jungfrau geboren werden. Ähnlich mystische Ursprünge wurden für Kyros, Romulus, Krishna und Perseus beansprucht. Und von Alexander dem Großen hieß es, er sei nicht der leibliche Sohn Philipps II. von Makedonien, sondern von Zeus durch einen Blitzstrahl gezeugt worden.
Die Vorstellung von »Göttersöhnen«, die leibliche Söhne von Göttern sind, ist nicht hebräisch, sondern hellenistisch; nach hebräischer Vorstellung kann ein »Sohn Gottes« nur ein von Gott adoptierter, auserwählter Sohn sein. Hier hat sich im Christentum also hellenistisches Gedankengut durchgesetzt. Aber erst allmählich: denn, so Michael Grant, »die Behauptung, daß Jesus aus seinem göttlichen Vater käme, ist Teil einer Theologie, die sich erst lange nach der Kreuzigung entwickelt hat«.
Zur Zeit Jesu dürfte die Behauptung von seiner Jungfrauengeburt unbekannt gewesen sein. Matthäus und Lukas schrieben ihre Evangelien ja erst fünfzig, sechzig oder fast siebzig Jahre nach seinem Tod. Und Markus, der einige Jahrzehnte vor ihnen schrieb, erwähnt sie nicht. Vielmehr sagt Markus, Gott habe Jesus zu seinem Sohn »erklärt«. Und der Apostel Paulus schrieb, Jesus sei zum Sohn Gottes »eingesetzt« wegen seiner Auferstehung von den Toten.
Also gehört – und das ist die evangelische Auffassung – die Jungfrauengeburt nicht zum ältesten Bekenntnis der Kirche, zumal auch Johannes sie nicht erwähnt. Anders hat sich die katholische Kirche entschieden: Sie hält am wörtlichen Verständnis der Jungfrauengeburt fest und hat diesen Standpunkt auf dem Zweiten Vatikanischen Konzil im Jahre 1964 noch einmal ausdrücklich bekräftigt. Nach katholischer Auffassung hat die Jungfrau Maria ihren Sohn vom Heiligen Geist empfangen und ihn jungfräulich geboren.

Kleopatra

K

wie Kleopatra: Nicht besonders schön, aber intelligent und energisch

Sie ist eine der bekanntesten Persönlichkeiten der Weltgeschichte, wahrscheinlich die bekannteste Frauengestalt der letzten zwei Jahrtausende (jedenfalls dem Namen nach): Kleopatra, Ägyptens Königin von 51 bis 30, geboren 69, gestorben 30 v. Chr. durch Selbstmord. Zugleich aber ist sie eine der am meisten verkannten Personen.

Schon in antiken Darstellungen wurde sie verleumdet, nicht zufällig, sondern im Rahmen einer von Oktavian, dem späteren Augustus, gesteuerten politischen Propaganda, die sich eigentlich gegen Antonius richtete. Marcus Antonius, einst Kampfgefährte des Oktavian gegen die Mörder Cäsars, dann einer der Triumvirn, schließlich Herrscher über den Osten des Römischen Reiches, während Oktavian über den Westen herrschte, hatte sich mit Oktavian entzweit. Als eine kriegerische Auseinandersetzung unvermeidlich schien, sicherte sich Antonius die Hilfe Kleopatras; er brauchte ägyptische Schiffe, ägyptisches Getreide und ägyptisches Geld. Seine Verbindung mit Kleopatra, die schließlich zu einer Ehe wurde (der drei Kinder entstammten), wurde als sexuelle Verirrung dargestellt, als »Liebesbetörtheit« und als »orientalische Sittenlosigkeit«.

Auf diese Weise wollte Oktavian, der Neffe des großen Cäsar, der früh die Alleinherrschaft anstrebte, seinen Mitregenten unglaubwürdig machen, ihn und Kleopatra. An ihr blieb es hängen (während Antonius heute ja sehr viel weniger bekannt ist). Kleopatra wird noch immer als männerbetörende, sexbesessene Verführerin dargestellt, so wie die meisten sie kennen – vor allem vom Theater, vom Film, aus der Historienmalerei, von der Operette, vom Musical. Und Rowohlts »Bunte Liste« von 1980 bietet sogar folgenden Unsinn als bare Münze an: »Seit ihrer ersten Liebesnacht (im Alter von zwölf Jahren) war der Sex für die Königin vom Nil zugleich Vergnügen und Waffe im Machtkampf. Es heißt, daß sie einen kleinen Tempel bauen ließ, in dem sie sich große Mengen junger Liebhaber hielt. Um ihre Lustgefühle zu steigern, wurden sie mit Rauschmitteln gefüttert. Mit diesen Sklaven praktizierte Kleopatra die erotischen Geheimnisse, die sie von Kurtisanen in einem Bordell in Alexandria erfahren hatte. Angeblich soll sie es mit bis zu 100 Männern in einer Nacht getrieben haben.«

Kleopatra war vor allem Politikerin. Ihr Ziel war die Wiederherstellung des ptolemäischen Reiches in seiner ehemals größten Ausdehnung, also Ägyptens einschließlich Palästinas und Syriens. Im Alter von 19 oder 20 Jahren war sie nach dem Tod ihres Vaters, König Ptolemäus XII., 51 v. Chr. zusammen mit ihrem Bruder, Ptolemäus XIII., als Kleopatra VII. auf den ägyptischen Thron gekommen. Als sie nach wenigen Jahren von ihrem Bruder vertrieben wurde, wandte sie sich an den damals mächtigsten Mann der Welt um Hilfe. Das war Cäsar, der (48 v. Chr.) mit einer Streitmacht in Ägypten landete, Ptolemäus XIII. besiegte (der dabei ums Leben kam) und der inzwischen 23jährigen Kleopatra (zusammen mit ihrem erst 12 Jahre alten Bruder Ptolemäus XIV.) die Herrschaft über Ägypten zurückgab.

Anschließend machten Kleopatra und Cäsar mit einer Flotte eine Fahrt den Nil hinauf, eine Art militärischer Machtdemonstration. In dieser Zeit kam es zwischen ihnen zu einem Liebesverhältnis, und später – als Cäsar längst wieder in Rom war – brachte Kleopatra einen Sohn zur Welt, den sie Cäsar Ptolemäus nannte. Die Ägypter nannten ihn Cäsarion, den kleinen Cäsar.

Wie Kleopatra Cäsar für ihre politischen Ziele einspannte, so brauchte sie später Antonius, als der über den östlichen Teil des Römischen Reiches herrschte. Und Antonius brauchte sie, um seine eigene Macht zu stärken. Als Königin Ägyptens war Kleopatra die reichste Herrscherin der damaligen

Cäsar

Welt. Die Dreiunddreißigjährige ging mit Antonius die Ehe ein (was Oktavian aus politischen und privaten Gründen traf; Antonius war bereits mit Oktavians Schwester verheiratet!). Aus der Ehe gingen Zwillinge hervor: Alexander Helios und Kleopatra Selene.

Daß Kleopatra von betörender Schönheit gewesen sei, wurde schon damals bestritten. In einer antiken Quelle heißt es, ihre Schönheit sei »weder erstaunenswert noch ohnegleichen«. Was diese Frau wirklich auszeichnete, waren Intelligenz und Energie. Sie beherrschte mehrere Sprachen, darunter das Ägyptische. Ihre Muttersprache war Griechisch oder genauer Makedonisch, also ein griechischer Dialekt. Es ist falsch, sich Kleopatra als Ägypterin vorzustellen; sie war – wie alle Ptolemäer – makedonischer Herkunft und hatte wahrscheinlich keinen Tropfen ägyptischen Bluts in den Adern. Sie verstand viel von verwaltungstechnischen Dingen und war auf finanzpolitischem Gebiet geradezu genial. Als Antonius ihr Ländereien bei Jericho und an der phönikischen Küste schenkte, wo Balsam und Bitumen gewonnen wurden, verpachtete sie sie unter hoher Gewinnbeteiligung an Herodes den Großen.

Als Mittdreißigerin brachte Kleopatra noch ein drittes Kind von Antonius zur Welt, den Sohn Ptolemäus Philadelphos. Ihre drei Söhne ließ Oktavian töten, nachdem Kleopatra und Antonius sich nach der Niederlage in der Seeschlacht bei Aktium (31 v. Chr.) das Leben genommen hatten. Nur die Tochter, Kleopatra Selene, überlebte.

Kleopatra und Marcus Antonius. Darstellung aus dem 19. Jahrhundert

»Die Punch-Gesellschaft« des englischen Malers und Kupferstechers William Hogarth (1697 bis 1764). Hogarth nahm als Sittenrichter und Satiriker die Gesellschaft seiner Zeit aufs Korn

K wie Knigge: Tischsitten waren für den Baron kein Thema

Jedesmal, wenn die deutschen Tanzlehrer – die sich da für zuständig halten – die Benimmregeln in neuer, leicht liberalisierter Form vorlegen, ist in Zeitungen vom »neuen Knigge« die Rede. Der »neue Knigge«, heißt es dann etwa, erlaube nun endlich, bei Tisch auch Spargel mit dem Messer zu zerschneiden, nachdem der »Knigge« einige Jahre zuvor schon das Zerschneiden von (auch gar gekochten) Kartoffeln zugelassen hatte. So etwas zu wissen, kann zweifellos nützlich sein, aber man sollte auch wissen, daß solche Tisch- und überhaupt alle Benimm- und Tanzstundenregeln mit dem echten Knigge in Wahrheit gar nichts zu tun haben.

Was der so häufig wie kaum ein zweiter deutscher Schriftsteller beschworene Adolph Freiherr von Knigge 1788 veröffentlichte, nämlich sein zweiteiliges Werk »Über den Umgang mit Menschen«, empfiehlt keineswegs die passende Garderobe für den Abend oder den richtigen Gebrauch von Messer und Gabel, sondern einzig und allein den rechten Umgang mit Menschen.

Unter Menschen verstand Knigge Menschen »aller Klassen« und »mancher Art«. Mit ihnen allen überhaupt Umgang zu haben, war für einen Mann von Stand damals, vor Ausbruch der Französischen Revolution, durchaus nicht selbstverständlich, sondern fast revolutionär. Darauf wies Knigge seine Leser denn auch ausdrücklich hin: »Der Gegenstand dieses Buches kömmt mir groß und wichtig vor«, begann er seine Vorrede, »und irre ich nicht, so ist der Gedanke, in einem eigenen Werke Vorschriften für den Umgang mit allen Classen von Menschen zu geben, noch neu.«

Menschen mancher Art waren – so zeigt sein Buch – unter anderen Diener und Dienstboten, Gelehrte und Künstler, Geistliche, Ärzte, Juristen, Soldaten und Offiziere. Kaufleute, Buchhändler, Sprach- und Musikmeister, Juden, Bauern, Spieler. Mystische Betrüger, Geisterseher, Goldmacher, Angehörige geheimer Verbindungen. Freiherr Knigge gab Ratschläge, wie man mit all diesen Leuten umgehen solle, und er riet auch für den Umgang mit den Großen der Erde, mit Fürsten, Vornehmen und Reichen, für den Umgang unter Eheleuten und Verliebten, unter Eltern und Kindern, unter Personen von verschiedenem Alter.

Weiter riet er für den rechten Umgang mit Dummen, mit Trunkenbolden, Jähzornigen, Vorwitzigen und Neugierigen, besonders ausführlich für den Umgang mit Frauenzimmern, aber auch mit Unterdrückten, Depressiven, Kranken. Kurz, er hielt für jede menschliche Begegnung allgemeinverbindliche Ratschläge bereit.

Alle liefen darauf hinaus, Verständnis zu zeigen und im Guten miteinander auszukommen, vor allem: den anderen, auch den »Geringeren« nicht auszunutzen oder ihn gar auszubeuten. Dies war das grundsätzlich Neue, das Aufklärerische an dem Werk des Sechsunddrei-

ßigjährigen, das zu lesen sich heute noch lohnt.
Knigge stammte aus der Nähe von Hannover, von Gut Bredenbeck, wo er 1752 geboren wurden. Dort verlebte er seine Kindheit und erhielt von Privatlehrern eine standesgemäße Erziehung. Als er zehn Jahre alt war, starb seine Mutter, nur drei Jahre später auch der Vater, der Oberhauptmann, Hofgerichtsrat und Deputierter der Calenbergischen Ritterschaft, Herr von Bredenbeck und Pattensen. Er hinterließ seinem Sohn einen derart großen Schuldenberg, daß die Güter verkauft werden mußten und für den jungen Erben, der zu einem Vormund kam, nur das Recht auf eine kleine Rente blieb.
Nach einem Studium der Jurisprudenz und der Kameralwissenschaften in Göttingen trat Knigge in den Staatsdienst, heiratete die Tochter und Erbin eines Gutsbesitzers, übernahm mit erst 22 Jahren in Hessen die Direktion einer staatlichen Tabakfabrik, schied aber nach einem Jahr aus dem Staatsdienst aus und zog sich mit Frau und Tochter auf eins der Güter seiner Frau zurück, um nur noch zu schreiben: Essays, Aufsätze, kleinere Schriften, Theaterstükke, Rezensionen, Autobiographisches, auch Romane.
Als Achtunddreißigjähriger ging er noch einmal in den Staatsdienst, in Bremen, wo er als Oberhauptmann und Scholarch mit der Aufsicht über die Bremer Domkirche und Domschule betraut wurde. In dieser Zeit trat Knigge nachdrücklich für die Ideen der Französischen Revolution ein, vor allem in seinem 1791 erschienenen satirischen Roman »Benjamin Noltmanns Geschichte der Aufklärung oder Nachricht von seinem und seines Vetters Aufenthalt an dem Hofe des großen Negus oder Priesters Johannes«.
In diesem Roman forderte der Freiherr Knigge eine radikale Umwandlung der bestehenden Gesellschaft. Auch die Abschaffung des Adels. Er plädierte für eine rechtliche Gleichstellung aller Bürger und eine gerechtere Verteilung des Eigentums. Und er forderte die Abschaffung aller Monarchien zugunsten demokratischer Republiken.
Das brachte ihm einen Verweis seines Königs und obersten Dienstherrn ein, Georgs III. von Großbritannien und Hannover (zu dem damals auch der Bremer Dom mit seinen Nebengebäuden als hannoversche Enklave gehörte), und schließlich, da Knigge weiterhin solche Forderungen publizierte, den Verlust seines Amtes und eine vorübergehende Verbannung nach Stade. Wieder zurück in Bremen ist Adolph Freiherr von Knigge dort 1796 im Alter von 43 Jahren gestorben. Sein zur Literatur der Aufklärung zählendes Gesamtwerk wird in Literaturgeschichten noch immer übergangen. Auch als Demokrat und (theoretischer) Revolutionär ist Adolph Freiherr von Knigge heute zu Unrecht vergessen.

K wie Köpenick: Am Ende hat der »Hauptmann« doch gewonnen

Der Schuhmacher Wilhelm Voigt

Wer den berühmten Fall des Hauptmanns von Köpenick nur nach Zuckmayers Bühnenstück oder dessen Verfilmungen kennt, der muß glauben, daß der Schuhmacher Wilhelm Voigt mit seinem Geniestreich zwar viel Aufsehen und lachende Zustimmung erregte, daß es ihm aber nicht gelang, aus jenem Teufelskreis auszubrechen, in dem er sich schon lange zuvor gefangen hatte. Als Vierzehnjähriger war Wilhelm Voigt von zu Hause ausgerissen, und weil er unterwegs ein paar Kleidungsstücke stahl, mußte er ins Gefängnis. Und damit war er auf der schiefen Bahn. Als Vorbestrafter wurde er beim zweiten Mal, als er sich durch mehrere Überweisungsfälschungen 200 Taler ergaunert hatte, besonders hart bestraft, nämlich mit zwölf Jahren Zuchthaus. Und danach handelte er sich mit einem beutelosen Einbruch in eine Gerichtskasse (als Rückfälliger) fünfzehn Jahre Zuchthaus und zehn Jahre Ehrverlust ein.

Als er die Strafen abgesessen hatte, war Wilhelm Voigt 57 Jahre alt; fast 28 Jahre hatte er hinter Gittern gelebt. In Wismar fand er durch Vermittlung der Gefängnisverwaltung in seinem erlernten Beruf als Schuhmacher Arbeit. Aber nach kurzer Zeit wies die Polizei ihn aus, nicht nur aus Wismar, sondern aus ganz Mecklenburg. Er sei, so wurde die Ausweisung begründet, »eine Gefahr für die öffentliche Sicherheit und die Moralität«. Genauso erging es ihm in Graudenz, dann in Potsdam, dann in Berlin. Vergebens schrieb er an verschiedene Stadtverwaltungen, auch an seine Heimatstadt Memel, mit der Bitte um eine Aufenthaltsgenehmigung. Keine Stadt wollte ihn aufnehmen. Da kam Wilhelm Voigt – so sagte er später vor Gericht – auf die Idee, das »Ding mit dem Militär zu drehen«.

Sein Streich, den er – anders als von Zuckmayer dargestellt – sorgfältig vorbereitet hatte, ist bekannt: wie er bei einem Trödler eine abgelegte Offiziersuniform kaufte, dann, am 16. Oktober 1906, als Hauptmann verkleidet (mit Abzeichen des 1. Garderegiments zu Fuß, weißen Handschuhen, Feldbinde, Zugstiefeln, Offiziersdegen) auf der Straße einen Wachtrupp vom Gardefüsilierregiment und einen zweiten Wachtrupp vom 4. Garderegiment unter sein Kommando brachte, mit der zehnköpfigen Mannschaft in der Eisenbahn von Berlin nach Köpenick fuhr, dort das Rathaus besetzte, den Bürgermeister und den Kassierer (von dem er sich den Inhalt der Stadtkasse gegen eine Quittung aushändigen ließ) für festgenommen erklärte und sie nach Berlin auf die Neue Wache transportieren ließ und selber mit der Beute von 4000 Mark und 37 Pfennigen verschwand.

Zehn Tage später wurde der »Hauptmann von Köpenick«, auf dessen Ergreifung der Regierungspräsident von Potsdam 2000 Mark und der Köpenikker Magistrat 500 Mark Belohnung ausgesetzt hatten, aufgespürt und verhaftet. Er wurde wegen Freiheitsberaubung, Betrugs, Urkundenfälschung, unbefugter Ausübung eines öffentlichen Amts und unbefugten Tragens einer Uniform angeklagt, für schuldig befunden und zu vier Jahren Gefängnis verurteilt.

Es schien sich also in seinem Leben nichts geändert zu haben; was sollte anders werden, nachdem er auch diese Strafe verbüßt haben würde? So etwas wie Rehabilitation, ja nur den Versuch der Wiedereingliederung in die Gesellschaft gab es damals noch kaum. Aber dann begann für ihn doch ein ganz neues Leben.

Das Neue, grundsätzlich Andere hatte sich schon während des Prozesses gezeigt. Zum erstenmal stand der bis dahin immer nur gedemütigte Wilhelm Voigt im Mittelpunkt eines weitverbreiteten Interesses. In Zeitungen wurde über ihn geschrieben, und im Gefängnis gingen Geschenke für ihn ein, Lobbriefe, Geldspenden, Heiratsanträge. Und sogar Kaiser Wilhelm II. nahm Anteil. »Das ist Disziplin, das macht uns keiner nach«, soll er anläßlich der Köpenickiade gesagt haben, über die alle Welt lachte. Und nach 20 Monaten bewilligte er ein Gnadengesuch, wodurch dem »Hauptmann« 28 Monate seiner Strafe erlassen wurden.

Als Wilhelm Voigt die Strafanstalt Tegel verließ, inzwischen 59 Jahre alt, hatte man ihn inzwischen nicht vergessen. Er wurde wie ein Held gefeiert. Und da lagen Möglichkeiten, die er zu nutzen verstand. Es begann damit, daß in Kiel (28 Jahre vor Zuckmayers Drama) eine Posse aufgeführt wurde, »Der Hauptmann von Köpenick«. Voigt fuhr hin und sorgte durch seine Anwesenheit für großen Zulauf. Von da an reiste er einige Jahre lang durch Deutschland und stand dem Publikum über seine Heldentat von Köpenick Rede und Antwort. Dabei verkaufte er signierte Postkarten, die ihn in Hauptmannsuniform oder schwarzem Bratenrock zeigten. Fast alle deutschen Städte hat er bereist. Das Geschäft ging gut, auch in Luxemburg, in der Schweiz, in England, sogar in Amerika. Ein Erfolg war auch seine 153 Seiten starke Autobiographie »Wie ich Hauptmann von Köpenick wurde«. Bis 1912 hatte Wilhelm Voigt so viel verdient, daß er sich in Luxemburg ein Haus kaufen und sich dort zur Ruhe setzen konnte. Fast zehn Jahre lang lebte er von seinem Kapital, bis zu seinem Tode (am 4. Januar 1922) im Alter von nicht ganz 73 Jahren.

Der Hauptmann von Köpenick und sein Coup wurden bald ein Postkartenmotiv

Nikolaus Kopernikus, Domherr zu Frauenburg, Ostpreußen (1473 bis 1543)

K wie Kopernikus: Aber beweisen konnte er nichts

Im Jahre 1543 erschien das berühmte Werk des Frauenburger Domherrn Nikolaus Kopernikus, über das bis heute sehr viel geschrieben und gestritten wurde (auch, ja besonders von Leuten, die es nie gelesen haben): »De revolutionibus orbium coelestium libri VI«, deutsch (erst 1879) »Sechs Bücher über die Umläufe der Himmelskörper«. Wenige Bücher sind im Nachhinein mit so vielen falschen Klischees belegt und von irrigen Legenden umrankt worden wie dieses Werk, in dem dargelegt wurde, daß die Planeten um die Sonne kreisen, während damals allgemein angenommen wurde, daß sich alles um die Erde als dem Mittelpunkt des Weltalls drehe. Eine besonders hartnäckige Legende ist die weitverbreitete Ansicht, Kopernikus habe seine Theorie aus Furcht vor seinen kirchlichen Vorgesetzten jahrzehntelang nicht zu veröffentlichen gewagt; die katholische Kirche sei eben viel zu rückständig gewesen, viel zu unwissenschaftlich, ja ungeistig, um seinem revolutionären Weltbild folgen zu können.

Aber die historische Wirklichkeit sah anders aus. Zwar hat Kopernikus das Manuskript nach eigenen Angaben mehr als dreißig Jahre lang unveröffentlicht liegengelassen, aber keineswegs aus Furcht vor der römischen Kurie. Im Gegenteil: als der Siebzigjährige sich wenige Monate vor seinem Tode doch noch zur Veröffentlichung entschloß, da kam er damit endlich einem schon Jahre zuvor geäußerten Wunsch des Papstes nach. Ende 1536 hatte Kardinal Schönberg, Vertrauter von Papst Clemens VII. und später von Paul III., dem Frauenburger Domherrn geschrieben: »Wie ich hörte, besitzest Du nicht nur eine erschöpfende Kenntnis der Lehren der alten Mathematiker, sondern hast auch eine neue Theorie des Universums geschaffen, nach welcher die Erde sich bewegt und die Sonne die Haupt- und damit Zentralstellung einnimmt... Ohne ungelegen kommen zu wollen, möchte ich Dich mit allem Nachdruck bitten, Deine Entdeckungen der gelehrten Welt mitzuteilen und mir sobald wie möglich Deine Theorien über das Universum zu senden...«

Erst dieser Brief, dem schon andere Aufforderungen zur Veröffentlichung des Manuskriptes vorausgegangen waren, brachte Kopernikus dazu, seine Arbeit drucken zu lassen. Sie kam also nicht gegen den Willen Roms an die Öffentlichkeit, sondern gerade durch die Bitte des Papstes. Und ihm, Papst Paul III., hat Kopernikus sie gewidmet. In Rom wurde die Schrift ganz unbefangen aufgenommen. Und der Widerstand gegen das heliozentrische Weltbild kam – zunächst jedenfalls – gar nicht von dort, sondern – wie Walter Brandmüller, Inhaber des Lehrstuhls für Kirchengeschichte des Mittelalters und der Neuzeit an der Universität Augsburg, in seinem Buch »Galilei und die Kirche oder Das Recht auf Irrtum« (1982) hervorhebt – aus Wittenberg. Da warf sechs Jahre nach ihrem Erscheinen der Humanist und Reformator Melanchthon dem Autor Kopernikus vor, allerlei Possen über die Bewegung der Himmelskörper erdichtet zu haben, wo doch physikalische und biblische Gründe solchen Neuerungen in der Astronomie entgegenstünden. Melanchthon stand hier ganz in der Nachfolge Luthers. Auch Luther hatte die kopernikanische Theorie, die Kopernikus im Kern schon in seiner kleinen Schrift »Commentariolus« von 1514 vorgestellt hatte, als Narretei abgetan (im Gespräch bei Tisch am 4. Juni 1539) und gegen sie mit dem Hinweis argumentiert: »Aber wie die Heilige Schrift anzeiget, so hieß Josua die Sonne still stehen, und nicht das Erdreich.«

Nun darf man aber Luther und Melanchthon und alle, die das kopernikanische System damals ablehnten, nicht ihrerseits einfach als Narren hinstellen. Denn was Kopernikus behauptete, war ja noch überhaupt nicht erwiesen. Kopernikus hatte nicht den kleinsten Ansatz für den Beweis seines heliozentrischen Weltbildes.

Und was von heute aus ebenfalls leicht übersehen wird: Sein Werk war nicht naturwissenschaftlich, es basierte nicht auf experimentellen Erfahrungen und Beobachtungen, sondern es war philosophisch. Aufgrund philosophischer Ideen, wie etwa der vorgefaßten Idee von den Gesetzen der Vollkommenheit, hatte Kopernikus ein Ordnungssystem des Universums entworfen. Dabei hatte er auf das heliozentrische

Galileo Galilei (1564 bis 1642)

Weltbild des griechischen Philosophen Aristarch von Samos aus dem 3. vorchristlichen Jahrhundert zurückgegriffen, weil es ihm dem Ideal der Vollkommenheit näher zu kommen schien als das ptolemäische (mit der Erde als Mittelpunkt). Es war also im Kern nicht neu, was Kopernikus vorlegte. Und auch andere hatten schon auf Aristarch zurückgegriffen. Der Ferrareser Prälat Calcagnini hatte schon 1520 sein Werk »Der Himmel steht fest und die Erde bewegt sich« veröffentlicht.

Anders als heute oft behauptet, erregte das Werk des Kopernikus lange Zeit auch kein Aufsehen. Das änderte sich erst nach gut siebzig Jahren, als Galilei sich für das Kopernikanische System einsetzte, nachdem er aufgrund astronomischer Beobachtungen erkannt hatte, daß das ptolemäische System unhaltbar war. Doch konnte auch Galilei die Richtigkeit des kopernikanischen Systems nicht nachweisen. Als er es aber dennoch für absolut wahr erklärte, während Rom das System – völlig zu Recht – nur als Hypothese gelten lassen wollte, nicht als absolute Wahrheit, kam es zu jenem folgenschweren Prozeß gegen → Galilei, der bis heute in verhängnisvoller Weise nachwirkt.

»Der Mensch durchbricht das Himmelsgewölbe und erkennt die Sphären« (Anonymer Holzschnitt um 1530)

Kreuzigungsgruppe der Stiftskirche zu Wechselburg, 1230 bis 1235

K wie Kreuzigen: Viel grausamer als in der Kunst dargestellt

Obgleich Jesu Tod am Kreuz für die Christenheit, ja für die ganze Welt ein zentrales Ereignis ist, im religiösen Kult und in der Kunst wieder und wieder dargestellt, und obgleich zu seiner Zeit im Römischen Reich viele Menschen auf so grausame und schmachvolle Weise hingerichtet worden sind, ist über das Kreuzigen erstaunlich wenig bekannt. In der ganzen antiken Literatur gibt es keine ins einzelne gehende Beschreibung einer solchen Hinrichtung. Auch Jesu Kreuzigung wird in den Evangelien nicht beschrieben: »Und dann kreuzigten sie ihn«, heißt es da nur. Aber keiner der Evangelisten sagte, wie sie ihn (und die zwei anderen) kreuzigten. Wurde Jesus wirklich mit Nägeln ans Kreuz geschlagen? Nicht einmal dies wird in den Evangelien gesagt. War Kreuzigen so häufig und allgemein bekannt, daß selbst im Fall Jesu eine Schilderung überflüssig schien?

Im »Theologischen Begriffslexikon zum Neuen Testament« (3. Aufl. 1972) hat der evangelische Theologe E. Brandenburg zusammengestellt, was über Kreuzigungen, wie sie die Römer durchführten, aus anderen Quellen bekannt ist: »Der Verurteilte wird mit ausgestreckten Armen am Querholz angebunden, das ihm dabei vermutlich auf den Schultern aufliegt. Annagelung ist nur vereinzelt bezeugt; zudem ist ungewiß, ob sie außer den Händen auch die Füße betraf. Der Tod des mit dem Querbalken oben am senkrechten Kreuzespfahl Aufgehängten trat langsam und unter außerordentlichen Qualen ein, wohl durch Erschöpfung oder Ersticken.« Überliefert ist, daß die Verurteilten vor der Kreuzigung ihre Kleider ablegen mußten.

Unrichtig ist die weitverbreitete Vorstellung, daß der Verurteilte – wie in der Kunst immer wieder dargestellt und bis heute von Pilgern in Jerusalem häufig nachvollzogen – das ganze Kreuz zum Richtplatz habe tragen müssen. Ein zur Kreuzigung Verurteilter trug nur das »Patibulum«, den Querbalken, zur Hinrichtungsstelle; die senkrechten Pfähle, nur gut mannshoch, standen schon dort, im Boden verankert.

Im Jahre 1968 machten Archäologen bei Jerusalem auf dem Berg Skopus einen aufsehenerregenden Fund. Es handelte sich – so der israelische Archäologe Benjamin Mazar – um »das Skelett eines Mannes in den Zwanzigern, der in der ersten Hälfte des 1. Jahrhunderts n. Chr. gekreuzigt worden war.« In dem Buch »Der Archäologe und der Tod – Archäologie und Gerichtsmedizin« (von St. Berg, R. Rolle, H. Seemann, 1981) heißt es dazu:

»Während man sich bisher allgemein auf eine Kreuzigung durch Nagelung beider Hände oder Unterarme festlegte, wobei die Füße entweder übereinander liegend (durch einen Nagel) oder parallel nebeneinander (durch zwei Nägel) fixiert wurden, zeigte der Tote von Jerusalem Spuren eines völlig anderen Verfahrens: Durch beide Fersen war ein 11,5 Zentimeter langer dicker Eisenna-

Aufgrund eines archäologischen Funds von 1968 in Jerusalem muß man sich Kreuzigungen so vorstellen

gel getrieben. Der Kopf dieses Nagels sowie sein umgebogenes Ende ragten etwa 2 Zentimeter aus den Knochen heraus. Zwischen dem Kopf des Nagels und der Außenseite des rechten Fußes befand sich noch in situ der Rest eines Brettes aus Akazien- oder Pistazienholz.«

Die Knie des Mannes waren stark gekrümmt und zur Seite gedreht und lagen eines auf dem andern. Das bedeutet, dieser Gekreuzigte muß mit fast angezogenen, seitlich verdrehten Beinen ans Kreuz genagelt gewesen sein. Dabei scheint er unter dem Gesäß eine Stütze gehabt zu haben, das »Sedile«, einen Sitzpflock. Auch über die Annagelung der Arme gibt dieser Fund genau Auskunft. Der rechte Unterarmknochen hatte eine Reibungsfurche, wohl als Folge der Nagelung. Das Annageln der Arme erfolgte in Wirklichkeit anders als allgemein geglaubt: nicht durch die Handteller wurden die Nägel geschlagen, sondern durch die Unterarme, zwischen Elle und Speiche. Die Handteller hätten das Gewicht des hängenden Körpers nicht halten können. Ob auch Jesus so gekreuzigt wurde, weiß man nicht.

Wie qualvoll der Tod am Kreuz war, ist von Medizinern dargelegt worden. Die Nägelwunden waren extrem schmerzhaft. Nur durch ein Abstützen auf dem Sitzpflock ließ sich die Zerrung an den Wunden der Arme etwas abschwächen. Das aber erforderte große Muskelanspannung. Die erhobenen, unbeweglichen Arme führten zu schmerzhaften Zirkulationsstauungen, zu Muskelkrämpfen und zu einer Überanstrengung des Herzens. Blutstauung in den Lungen hatte Erstickungsangst zur Folge.

Lange Zeit wurde angenommen, daß der Tod durch Ersticken eintrat. Neuerdings setzt sich die Auffassung durch, daß der Tod durch einen Kreislaufkollaps eintrat. Hierzu heißt es in »Der Archäologe und der Tod«: »Versuche mit Medizinstudenten ... ergaben bei freiem Hängen an den Händen innerhalb von sechs Minuten ein Absinken des Blutdrucks von 120 auf 70, längstens nach 12 Minuten schweren ›orthostatischen‹ Kreislaufzusammenbruch mit Verkleinerung des Herzschattens im Röntgenbild und Zeichen extracoronarbedingter Sauerstoffnot des Herzmuskels im Elektrokardiogramm. Die Folgen werden gemindert und damit das Leiden verlängert, wenn der Betroffene sich mit den Füßen oder dem Gesäß abstützen kann. In diesem Fall handelte es sich um einen tagelang anhaltenden langsamen Verfall der Lebensfunktionen... Hinzu kommt der Wassermangel...; das ›Tränken‹ des Gekreuzigten verlängerte die Qual, das Brechen der Unterschenkel verkürzte sie.«

Den beiden mit Jesus Gekreuzigten wurden die Schenkel zerschlagen. Auch dem Toten von Jerusalem waren die Unterschenkel gebrochen worden.

Fra Bartolomeo: Beweinung Christi (nach einem Gemälde 1516)

Laokoon-Gruppe im Vatikan. Die Haltung von Laokoons ergänztem rechten Arm wurde 1960 korrigiert; jetzt ist er zum Kopf abgewinkelt

L

wie Laokoon: Das berühmte Kunstwerk ist kein Original

Als der trojanische Apollon-Priester Laokoon nach dem vorgetäuschten Abzug der Griechen von Troja, bei dem sie das trojanische Pferd zurückließen, für Poseidon, den Gott der Meere, der Pferde und des Erdbebens, ein Stier-Opfer vorbereitete, kamen vom Meer her zwei große Schlangen. Sie erwürgten Laokoon und seine zwei Söhne, dann schlängelten sie sich zur Burg hinauf und verbargen sich da unter den Füßen und dem Schild der Athena. Ihr, der trojanischen Athena, hatten die Griechen das hölzerne Pferd zurückgelassen, angeblich als Weihgeschenk. Laokoon hatte dies nicht glauben wollen; er hatte gewarnt, das Pferd in die Stadt hereinzuholen. Er hatte ihm eine Lanze in die Flanke gestoßen, wobei ein Geräusch wie Waffenklirren entstanden war. Die Trojaner mißdeuteten Laokoons Tod und den seiner Söhne als Strafe der Götter für seinen Lanzenwurf. In Wahrheit war ihr Tod ein Omen für den unmittelbar bevorstehenden Untergang Trojas.

Diese Szene aus dem griechischen Mythos, nacherzählt von dem römischen Dichter Vergil (in seinem Epos von dem Helden Äneas, der nach Trojas Fall für sich und seine Kämpferschar in Latium eine neue Heimat fand und damit die Grundlage für das Römische Reich schuf), wurde in der Literatur und in der bildenden Kunst, so auf Vasen und Wandgemälden und auch als Skulpturengruppe, immer wieder dargestellt. Die berühmteste Darstellung ist die 1506 im Bereich von Kaiser Neros Goldenem Haus wiederentdeckte Laokoon-Gruppe, die heute im Vatikan steht.

Diese Marmor-Skulpturen-Gruppe, die die Namen der rhodesischen Bildhauer Agesandros, Athenodoros und Polydoros trägt, hat wie kaum ein zweites antikes Werk anregend auf Kunst und Kunstkritik gewirkt. Seit Lessing und seiner Schrift »Laokoon oder über die Grenzen der Malerei und Poesie« (1766) und Winckelmann, der in der griechischen Kunst vor allem »edle Einfalt und stille Größe« sah, wurde sie stets aufs neue diskutiert. Von einigen als theatralisches Machwerk gescholten, galt sie den meisten als Wunder der Kunst, als eines der schönsten und reinsten Kunstwerke überhaupt, und in ihren Schöpfern Agesandros, Athenodoros und Polydoros sahen sie schlechthin vollendete, nicht mehr zu übertreffende Künstler.

Strittig war die Datierung. Da halfen auch die Namen der Künstler nicht weiter; denn wann Agesandros, Athenodoros und Polydoros gelebt hatten, war unbekannt. Aufgrund stilkritischer Elemente wurde die Laokoon-Gruppe meistens ins 1. vorchristliche Jahrhundert datiert, manchmal aber auch ins 1. nachchristliche. Diese Unsicherheit vergrößerte sich noch, weil viele stilistische Eigenheiten sehr viel weiter zurückweisen, nämlich in hellenistische Zeit, ins 2. vorchristliche Jahrhundert, als der Altar von Pergamon entstand, auf dem der Kampf der Götter mit den Giganten dargestellt ist.

Erst in jüngster Zeit fand dieser Widerspruch eine überraschende Lösung, und zwar durch archäologische Funde in Sperlonga in Latium, wo man 1957 beim Ausbau der Küstenstraße auf eine Villa des Kaisers Tiberius und eine künstlich ausgebaute Grotte stieß, und durch Funde in Baia im Golf von Neapel. In der Tiberius-Grotte zu Sperlonga kamen Reste von überlebensgroßen Marmor-Gruppen an den Tag. Wegen einer Inschrift erregten sie weltweites Aufsehen. Die Inschrift besagte, daß die Skulpturen (oder doch zumindest eine von ihnen) von den berühmten Bildhauern der Laokoon-Gruppe stammt. Und in Baia legte der Marburger Archäologe und Kunsthistoriker Professor Dr. Bernard Andreae seit 1981 in mehreren Kampagnen einer Unterwassergrabung die Reste einer Villa frei, die einst Kaiser Claudius gehörte und die offensichtlich nach dem Vorbild der Tiberius-Villa von Sperlonga eingerichtet war, mit einer großen marmornen Skulpturen-Gruppe und mit mehreren Statuen, die Familienmitglieder des Kaisers darstellen. Diese Statuen ermöglichten erstmalig eine genaue Datierung all dieser Marmor-Skulpturen, also der aus dem antiken Baiae, der von Sperlonga und der Laokoon-Gruppe aus dem Goldenen Haus des Nero. Andreae konnte nachweisen, daß sie alle im ersten Viertel des 1. Jahrhunderts n. Chr. entstanden sein müssen.

Andere Funde aus Baiae, die schon viel früher an anderer Stelle gemacht worden waren, lösten den Widerspruch zwischen der Entstehungszeit und den Stilelementen, die in hellenistische Zeit zurückweisen. Es sind Gipsabdrücke aus einer Bildhauerwerkstatt der Kaiserzeit. Sie sind der Beweis, daß diese und andere römische Marmorskulpturen nach viel älteren griechischen Originalen nachgeschlagen wurden. Die Originale – auch das ist nachweisbar – waren in Bronze gegossen.

Das heißt: auch die Laokoon-Gruppe im Vatikan, über Jahrhunderte hin als Kunstwerk der Kunstwerke bewundert, ist kein originäres Werk, sondern eine Kopie einer älteren griechischen Bronze.

L wie Luther: Vom Anschlag seiner Thesen hat er selber nichts gewußt

Alljährlich am 31. Oktober wird in protestantischen Gegenden des Beginns der Reformation gedacht. Dieser Tag gilt deswegen als Reformationsbeginn, weil – so wird es seit gut vier Jahrhunderten gelehrt – der Professor Doktor Martin Luther, Subprior des Augustinerklosters zu Wittenberg und Inhaber des dortigen theologischen Lehrstuhls, am 31. Oktober 1517, dem Tag vor Allerheiligen, an die Tür der Wittenberger Schloßkirche 95 Thesen gegen den Ablaß angeschlagen habe. Mit seinen »markigen Hammerschlägen«, die gleichsam bis nach Rom dröhnten und den Vatikan erzittern ließen, habe Luther, wie noch vor einigen Jahren ein protestantischer Kirchenhistoriker schrieb, den »Bau der mittelalterlichen Welt in Trümmer« geschlagen. Aber dieses altvertraute Bild, bekannt aus Geschichtsdarstellungen, aus der Historienmale-

rei, auch aus der Dichtung, steht auf unsicherem Grund.
Bis vor gut zwei Jahrzehnten hatte niemand Anlaß, den historischen Kern dieses Bildes anzuzweifeln. Es gab eine handschriftliche lateinische Notiz über jenen Vorgang, die man Luthers Famulus Johannes Schneider zuschrieb und die man als Augenzeugenbericht auffaßte. »Me teste«, hieß es darin – »wie ich bezeugen kann«.
Aber 1961 überraschte der Luther-Forscher Hans Volz die Fachwelt mit der Mitteilung, daß jenes »me teste« auf einem Lesefehler beruhte; in Wahrheit steht in der Handschrift: »modeste« – »in bescheidener Weise«. Und was bis dahin als Augenzeugenbericht gegolten hatte, besagte wörtlich nur dies: »Im Jahre 1517 legte Luther in Wittenberg an der Elbe nach altem Universitätsbrauch gewisse Sätze zur Disputation vor, jedoch in bescheidener Weise und ohne damit jemanden beschimpft oder beleidigt haben zu wollen«.
Dies war also nicht nur kein Augenzeugenbericht, es enthielt nicht einmal einen Hinweis auf den Thesenanschlag. Und damit war die eigentliche Basis für die Annahme jenes Ereignisses verloren. Daß Luther die Thesen angeschlagen habe, ist – wie der katholische Kirchenhistoriker Erwin Iserloh 1962 (und später) ausgeführt hat – zu Luthers Zeiten nie behauptet worden. Dazu kam es erst kurz nach seinem Tode (1546), und zwar in Philipp Melanchthons Vorrede zum 2. Band von Luthers Werken: »Luther gab Ablaßthesen heraus... Diese hat er öffentlich an der Kirche in der Nähe des Wittenberger Schlosses am Vortage des Festes Allerheiligen 1517 angeschlagen.«
Melanchthon war 1517 noch nicht in Wittenberg gewesen, und seine Vorrede enthält mehrere schwerwiegende Irrtümer über Luther; auch diese Aussage kann ein Irrtum sein, zumal niemand sonst bis dahin von einem Anschlag der Thesen gesprochen hatte. Auch Luther nicht! Luther hat mehrmals geschrieben, daß er seine Thesen über den Ablaß und gegen die üblen Praktiken Tetzels und anderer Ablaßverkäufer am 31. Oktober 1517 mit Briefen an seinen Bischof, Hieronymus von Brandenburg, und zugleich an den für den Ablaßhandel in Deutschland verantwortlichen Erzbischof Albrecht von Magdeburg-Mainz geschickt hat, »mit der Bitte«, so schrieb er, »das schamlose Treiben und die lästerlichen Reden der Ablaßprediger zu unterbinden«. Einer dieser Briefe ist erhalten. Er habe die Thesen auch nicht selber veröffentlicht, also nicht zum Druck gegeben, sondern sie, als er von den Bischöfen keine Antwort bekam (»aber man schenkte dem armseligen Mönch überhaupt keine Beachtung«), in Abschriften an mehrere Freunde geschickt.
So schrieb er es in der Vorrede zum 1. Band seiner Werke. Das war zwar 28 Jahre nach dem Ereignis von 1517, und Luther war inzwischen 61 Jahre alt, aber es besteht kein Grund für die An-

nahme, er habe sich nicht mehr richtig erinnern können (oder wollen). Er hat auch vorher schon diese und nie eine andere Darstellung der Vorgänge von 1517 gegeben. So in einem Brief an Papst Leo X. (1518), in einem Brief an seinen Landesherrn Friedrich den Weisen (1518) und in seiner Schrift »Wider Hans Worst« (1541).

Mehrmals hat Luther auch betont, er habe die Thesen erst dann an Freunde gegeben, nachdem er auf seine Briefe vom 31. Oktober ohne Antwort geblieben war: »Aber mir ward kein antwort... Also giengen meine Propositiones aus wider des Detzels Artickel.« (»Wider Hans Worst«.) Diese zweite Fassung seiner Thesen (mit zwei neu eingefügten; die erste Fassung bestand aus 93 Thesen) wurde von Luthers Freunden zum Druck gegeben und fand rasch Verbreitung.

Aufgrund dieser (und anderer) Kriterien kam Iserloh 1962 zu der Überzeugung: »Der Thesenanschlag fand nicht statt.« Einige Wissenschaftler, auch evangelische, folgten ihm. Andere versuchten, ihn zu widerlegen, bisher ohne wirklich überzeugen zu können. Und eine dritte Gruppe meint, es sei eigentlich bedeutungslos, ob Luther die Thesen angeschlagen habe oder nicht.

Dies aber gilt allenfalls im Hinblick auf den Reformationstag. Der 31. Oktober ist in jedem Fall der Beginn der Reformation. Aber es bleibt ein Unterschied in Luthers ursprünglichen Zielen. Daß er die Thesen nicht anschlug, sondern

sie – wie er sagte – den Bischöfen schickte und dann auf Antwort wartete, erlaubt die Vermutung, daß er die Konfrontation mit Rom von sich aus nicht gewollt hat.

Fußboden-Mosaik aus dem Palast Herodes des Großen in Masada

M

wie Masada: Wurden wirklich die letzten Verteidiger gefunden?

Masada – dieser Name der wohl eindrucksvollsten Festung Herodes' des Großen, gelegen auf einem schwer zugänglichen 440 Meter hohen Felsplateau an der Westseite des Toten Meeres, impliziert das tragische Ende des jüdischen Aufstands gegen die Römer im ersten nachchristlichen Jahrhundert. Der zeitgenössische jüdische Historiker Flavius Josephus hat detailliert geschildert, wie sich die letzten tausend Widerstandskämpfer, die sich nach Masada zurückgezogen hatten, den Römern nicht ergeben wollten und sich selber töteten. Das geschah 73 n. Chr.

Etwa tausendneunhundert Jahre später (1963 bis 1965) wurde Masada in einer großartigen, weltweites Aufsehen erregenden israelischen Ausgrabung unter Leitung von Yigael Yadin (Professor der Archäologie an der Hebräischen Universität Jerusalem) freigelegt: Überreste von zwei herodianischen Palästen, Vorrats- und Garnisonshäusern, Thermen, von einer Synagoge, einer aufwendigen Wasserversorgungseinrichtung, Massen von Vorratsgeräten, Münzen, von mehreren Schriftrollen, Gebrauchsgegenständen der letzten Verteidiger wie Waffen, Sandalen, Geschirr, Lebensmittel, Öllampen. Ausgegraben wurden auch Reste des römischen Lagers am Fuß der Festung, wo die von den Römern aufgeworfene Rampe begann.

Der spektakulärste Fund aber waren etwa 25 Skelette; 14 von Männern zwischen 22 und 60 Jahren, sechs von Frauen, vier von Kindern, eins von einem Greis. Professor Yadin hält es für möglich, daß diese Menschen zu den letzten Verteidigern der Festung gehörten. Bestärkt wird er in seiner Meinung durch eine weitere Entdeckung, die er selber als den »erregendsten Fund« bezeichnete: elf kleine Ostraka, Gefäßscherben, mit Männernamen darauf. Ein Name lautete »Ben Yair«. Der Anführer der Widerstandskämpfer von Masada hieß Eleazar Ben Yair. Und so erhob sich die Frage, ob diese Gefäßscherben jene Lose gewesen sein könnten, mit denen – wie Josephus berichtet – jene Männer bestimmt wurden, die die anderen töten sollten.

Nach Josephus (»Jüdischer Krieg« VII, 8, 6) vollzog sich das Ende des Heldenkampfes in Masada so: Nachdem Eleazar seine Mitkämpfer überzeugt hatte, es sei besser, in Freiheit zu sterben, als von den Römern erschlagen oder gefangengenommen zu werden, töteten die Männer ihre Frauen und Kinder, die mit in der Festung waren. Dann wähl-

Stuckierte Säulen und Fresken in den Ruinen von Masada (untere Terrasse)

ten sie durchs Los 10 Männer aus ihrer Mitte; sie sollten die Mörder aller anderen sein. Dann legte sich ein jeder neben die schon dahingestreckten Seinen, die Frau und die Kinder, schlang die Arme um sie und bot schließlich den Männern, die den unseligen Dienst auszuführen hatten, bereitwillig die Kehle. Ohne Wanken mordeten jene alle insgesamt; darauf bestimmten sie dasselbe Gesetz des Loses auch für sich untereinander. Der ausgeloste Mann hatte die neun zu töten, und endlich, nach allen anderen, sollte er auch sich selbst den Todesstoß geben ... Der einsame Letzte überschaute ringsum die Menge der

Dahingestreckten, ob womöglich jemand bei dem unendlichen Morden am Leben geblieben war und deshalb noch seiner Hand bedürfe. Als er erkannte, daß alle getötet seien, legte er an vielen Stellen Feuer im Palast. Dann stieß er mit geballter Kraft das Schwert ganz durch seinen Körper und brach neben den Seinen zusammen . . .«

Nach Josephus' Darstellung sind auf diese Weise innerhalb weniger Stunden 960 Männer, Frauen und Kinder getötet worden. Zwei Frauen und fünf Kinder, die sich versteckt gehalten, aber alles mit angehört und angesehen hatten – die klassischen, nach literarischen Gesetzen unbedingt erforderlichen Kronzeugen für Josephus –, berichteten den in die Festung kommenden Römern, was sich ereignet hatte.

Nun geht es hier nicht darum, ob die Tötung von 960 Menschen auf die geschilderte Weise in so kurzer Zeit wahrscheinlich ist oder ob nicht vielleicht ein großer Teil der Belagerten vorher durch Flucht entkommen konnte. Es geht auch nicht um die Frage, ob unter dem bestehenden Zeitdruck ein so umständliches Losverfahren mit Hilfe von Ostraka – zur Auswahl der Zehn hätten ja Hunderte von Scherben beschrieben werden müssen – angenommen werden kann, ein Verfahren, von dem Josephus nichts sagt. Es geht um ein anderes Problem, das sich aber sehr oft stellt. Es besteht darin, daß öffentliche Berichterstattung über die wissenschaftliche Berichterstattung übertreibend hinausgeht.

Prof. Yadin stellte in seinem Grabungsbericht lediglich die Frage: »Sollten wir wirklich jene Ostraka gefunden haben, die sie zum Losen benutzt hatten?« Und er antwortete: »Das werden wir kaum je mit Sicherheit erfahren.« Damit war die Sache als Theorie hingestellt worden, eigentlich nur als Möglichkeit. Und dies galt auch für die gefundenen Skelette.

In Presseberichten über Yadins Masada-Buch jedoch, in später entstandenen Reiseführern, in zahllosen Beschreibungen der Wanderausstellung, mit der Ausgrabungsstücke von Masada, auch jene Ostraka, durch die Welt gingen, wurde die Theorie in unzulässiger Weise zur »Wahrheit« verfälscht. Da hieß es, archäologische Funde hätten die Darstellung von Josephus bis in letzte Einzelheiten voll bestätigt.

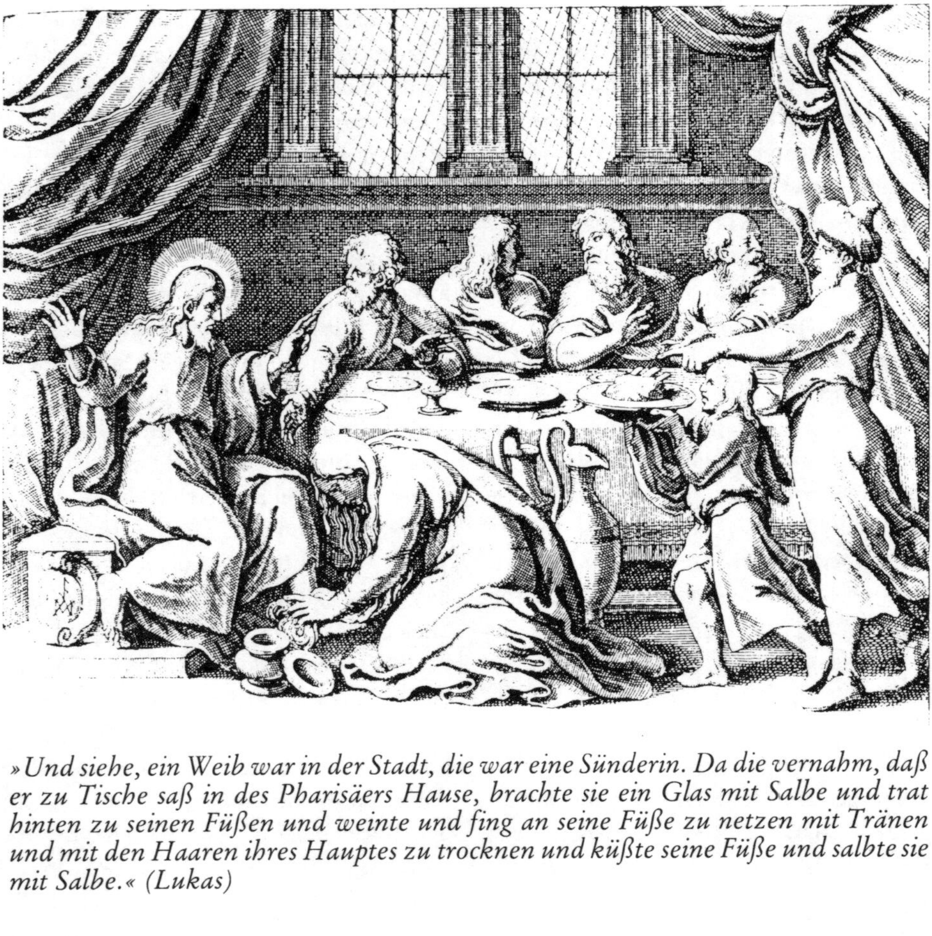

»Und siehe, ein Weib war in der Stadt, die war eine Sünderin. Da die vernahm, daß er zu Tische saß in des Pharisäers Hause, brachte sie ein Glas mit Salbe und trat hinten zu seinen Füßen und weinte und fing an seine Füße zu netzen mit Tränen und mit den Haaren ihres Hauptes zu trocknen und küßte seine Füße und salbte sie mit Salbe.« (Lukas)

M wie Maria Magdalena: Eine Kunstfigur aus drei Personen

Sie gehört zu den bekanntesten Frauengestalten des Neuen Testaments, und sie hat die Menschen zu allen Zeiten besonders angerührt und beschäftigt, die Theologen, die Moralisten und jene, die »gefallenen« Mädchen helfen wollen, die Leben-Jesu-Forscher, die Dichter und die Maler, eigentlich fast alle, die die Bibel lesen: Maria Magdalena. Aber so, wie sie in der Vorstellung so vieler Menschen lebt, hat es sie nie gegeben; so ist sie eigentlich eine Kunstfigur, zusammengesetzt aus drei verschiedenen Figuren.

Schon der meistens gebrauchte Name, Maria Magdalena, ist nicht richtig. Da, wo sie eindeutig genannt wird, heißt sie Maria aus Magdala: Im Lukas-Evangelium (8,2), wo sie eine der Frauen ist, die Jesus begleiten und »die mit ihrem Vermögen« für Jesus und die Zwölf sorgten; im Markus-Evangelium (15,40 u. 47), wo sie Augenzeugin von Jesu Kreuzigung und Grablegung war; im Johannes-Evangelium schließlich (20, 11–18), wo sie am Ostermorgen den Auferstandenen sah, der ihr den Auftrag gab, den Jüngern seine Auferstehung zu verkündigen.

An diesen überaus bedeutenden Stellen also wird sie »Maria aus Magdala« genannt, wobei Lukas noch hinzufügt, »aus der sieben Dämonen ausgefahren waren«. Magdala war ein kleiner Ort am See Genezareth ganz nahe bei Tiberias, der Landeshauptstadt von Galiläa, wo Herodes Antipas residierte, ein Sohn Herodes' des Großen. Das schöne Tiberias am Westufer des Sees war neu; Herodes Antipas hatte die Stadt bauen lassen, aus dem dort vorkommenden schwarzen Basalt, im hellenistischen Stil der Zeit, mit Stadion, Forum, Akropolis und mit Bädern bei den natürlichen heißen Quellen. Und zu Ehren des römischen Kaisers Tiberius hatte er sie nach ihm benannt. Aber weil bei der Anlage der Stadt ein alter jüdischer Friedhof berührt, teilweise sogar überbaut worden war, galt Tiberias frommen Juden als unrein; ihnen verboten mosaische Gesetze, da zu wohnen, ja die Stadt überhaupt zu betreten, und der gesetzestreue Jesus scheint nie nach Tiberias gegangen zu sein. Vielleicht trug die Vorstellung von der »heidnischen«, also auch sündhaften Stadt, aus deren unmittelbarer Nähe jene Maria stammte, die offenbar einmal von sieben Dämonen besessen war, dazu bei, in Maria eine Sünderin zu sehen, die möglicherweise von käuflicher Liebe lebte.

Seit Papst Gregor dem Großen wurde Maria aus Magdala (und wird noch heute) mit der im Lukas-Evangelium (7, 37–50) als »Sünderin« bezeichneten Frau, deren Name aber nicht genannt wird, gleichgesetzt, die dem im Hause eines Pharisäers weilenden Jesus mit ihren Tränen die Füße netzte, sie mit ihrem Haar trocknete, sie küßte und salbte. Von dieser Sünderin sagte Jesus: »Ihr sind viele Sünden vergeben, denn sie hat viel geliebt, welchem aber wenig vergeben wird, der liebet wenig.«

So jedenfalls hat Luther übersetzt, aber

es gibt andere, abweichende Übersetzungen. Die »Bibel in heutigem Deutsch«, in der diese Frau als Prostituierte bezeichnet wird, läßt Jesus sagen: »Ihre große Schuld ist ihr vergeben worden. Das zeigt sich an der Liebe, die sie mir erwiesen hat. Wem wenig vergeben wird, der liebt auch nur wenig.«
Und in der Einheitsübersetzung heißt es: »Ihr sind ihre vielen Sünden vergeben, weil sie (mir) so viel Liebe gezeigt hat. Wem aber um wenig vergeben wird, der zeigt auch nur wenig Liebe.«
Nach der seit Gregor dem Großen bestehenden Tradition, diese namentlich nicht genannte »Frau«, »Sünderin«, »Prostituierte« ohne zwingenden Grund mit Maria aus Magdala gleichzusetzen, wird noch ein zweites Mal verfahren, und zwar bei jener ähnlichen Szene mit Jesus in dem Dorf Bethanien, nahe bei Jerusalem, wo Jesus auf dem Weg zum Passahfest Station machte, wenige Tage vor seinem Tode. Entweder bei Lazarus – so heißt es bei Matthäus und Markus – oder bei Simon dem Aussätzigen – so steht es bei Johannes – fand ein Gastmahl statt. Und da erschien eine Frau, die Jesus mit einem Pfund kostbarer Salbe, echter Narde, die Füße salbte, was Judas Ischariot und andere für maßlose Verschwendung hielten: »Warum wurde diese Salbe nicht für dreihundert Denare verkauft und (der Erlös) den Armen gegeben?« Aber Jesus sagte: »Laßt sie! Was betrübt ihr sie? Sie hat eine schöne Tat an mir getan ... Sie hat im voraus meinen Leib zum Begräbnis gesalbt ...«
Wer diese Frau war, bleibt offen. Matthäus und Markus nannten keinen Namen. Bei Johannes heißt sie Maria. Lukas, der das Ereignis anders darstellte, sprach von einer Sünderin. Allgemein wird angenommen, daß Johannes mit Maria eine der zwei Schwestern des Lazarus gemeint habe, obgleich er dies nicht ausdrücklich sagte. Papst Gregor der Große aber vertrat die Meinung, daß auch diese Maria identisch sei mit Maria aus Magdala.
Das ist die Grundlage für die in der Dichtung und in der Malerei so oft behandelte Legende von der büßenden Sünderin. Diese legendäre Figur ist also aus drei Personen zu einer verschmolzen, unter dem Namen Maria Magdalena. Und die Legende behauptet, Maria Magdalena habe ihr späteres Leben als Einsiedlerin in einer Höhle bei Sainte-Baume in Südfrankreich verbracht. (→ Jesus, → Kreuzigen)

M wie Morse: Den Telegraphen ließ er sich erfinden

Samuel Morse

Man hat ihn den »Leonardo Amerikas« genannt, zählt ihn also zu den großen Genies, nicht so sehr wegen seiner Gemälde als vor allem für die Erfindung des nach ihm heißenden elektrischen Telegraphen und des ebenfalls nach ihm benannten Telegraphenalphabets: Samuel Morse.

Er kam 1791 in Charlestown, Massachusetts, auf die Welt, und als er sie, fast 81 Jahre alt, 1872 wieder verließ, war er berühmt, hochgeehrt, beschenkt mit Geldprämien und dekoriert mit zahlreichen Medaillen und Orden aus aller Welt. Noch heute kennt jeder seinen Namen, aus dem das Verb »morsen« gebildet wurde, das der Duden so erklärt: »den Morseapparat bedienen; du morst, morsest«.

Alle Ehrungen, die Morse zuteil wurden, sein ganzer Weltruhm sind auf jenen elektrischen Telegraphen begründet, der 1844 auf der Strecke zwischen Washington und Baltimore zum Einsatz kam. Und wirklich hat sich Morse um die Entstehung des Apparats in höchstem Maße verdient gemacht. Aber entgegen der allgemeinen Auffassung, die in allen Lexika steht, hat er weder den Morseapparat noch das Morsealphabet erfunden.

Samuel Finley Breese Morse, Sohn des Pfarrers und Geographen Jedediah Morse, der als »Vater der amerikanischen Geographie« gilt, kam als Vierzehnjähriger auf das Yale College, wo er Literaturgeschichte und Philosophie, auch – wie er später angab – Elementarkurse in Chemie und Elektrizität besuchte. Aber schon bald wandte er sich der Malerei zu. Er malte historische Portraits und Historienbilder in klassizistischer Manier, als Achtzehnjähriger zum Beispiel die Ankunft der Pilgerväter von Plymouth 1620 auf der Mayflower in Neuengland. Gelernt hat Morse bei dem als Maler berühmteren Washington Allston, mit dem zusammen er eine Europareise machte, um seine Ausbildung zu vervollkommnen. Als

Enddreißiger – inzwischen mit seinen Historiengemälden recht angesehen – reiste Morse ein zweites Mal nach Europa, für drei volle Jahre. Aber seine Hoffnung, in England, Frankreich oder Italien lukrative Aufträge zu bekommen, erfüllte sich nicht. Ziemlich abgebrannt fuhr der Einundvierzigjährige nach Amerika zurück. Das war im Oktober 1832.

Auf der mehrere Wochen dauernden Überfahrt unterhielt ein Mitpassagier die Reisenden mit einem der kurz zuvor aufgekommenen elektromagnetischen Apparate, bei denen eine Spule aus Kupferdraht durch einen Knopfdruck aus der Entfernung über einen Draht nach Belieben magnetisch gemacht und dadurch am anderen Ende des Drahtes ein Impuls ausgelöst werden kann. Dabei kam Morse – so sagte er später – auf den Gedanken, solche Impulse in Schreibzeichen zu verwandeln. Und das sei die Idee des Telegraphen gewesen, des »Fernschreibers«, mit dem sich Nachrichten schnell über weite Entfernungen hin (so weit die Drähte reichten) übermitteln ließen.

Wieder in Amerika, versuchte Morse die Idee zu verwirklichen. Aber sein technisches Wissen reichte nicht aus. Deswegen gewann er Mitarbeiter, die von Technik und Elektrizität mehr verstanden, Joseph Henry und Alfred Vail. Besonders der sehr viel jüngere Vail, der vom Vater Geld und in dessen Eisenwerk eine Werkstatt zur Verfügung bekam, arbeitete erfolgreich an der Entwicklung des Telegraphen. Aber er tat dies im vertraglich geregelten Auftrag Morses. Morse selber hatte dafür kaum noch Zeit, nachdem er 1835 an die neue Universität von New York als Professor für Literatur, Kunst und Design berufen worden war.

1838 war der Telegraph in seiner ersten Form fertig. Aber so war er nicht einsatzfähig, weil ein zur Übertragung geeignetes Zeichensystem fehlte. Auch dieses in den folgenden Jahren entwickelte System, eine Umwandlung der Buchstaben in Zeichen aus langen und kurzen Strichen, war nachweislich Vails Erfindung. Jahre später danach befragt, antwortete Vail:

»Ich habe in der Öffentlichkeit niemals auf meinem Recht als erster und alleiniger Erfinder bestanden, weil ich die Einheit der Erfindung nicht zu gefährden wünschte und weil ich wegen meines Gesellschaftervertrages mit Morse doch kein Patent hätte bekommen können.«

Das Patent bekam Morse. Auch den Ruhm und viel Geld. Sein Verdienst war die Zähigkeit, mit der er das Projekt vorangetrieben hatte und mit der er schließlich den Kongreß für den Bau der ersten amerikanischen Telegraphenstrecke gewann.

Und die Idee, die ihm auf der Rückfahrt von Europa nach Amerika gekommen war und die er eine »vision from heaven« nannte, eine göttliche Eingebung? Objektiv war sie nicht neu. Der Gedanke, Elektrizität zum Übermitteln von

Nachrichten zu benutzen, war in Europa bereits 80 Jahre zuvor aufgekommen. Und 1809 hatte der Anatom und Naturforscher Samuel Thomas von Sömmering einen galvanoelektrischen und elektrochemischen Telegraphen konstruiert, der allerdings sehr umständlich funktionierte. Den ersten brauchbaren elektromagnetischen Telegraphen baute Paul Schilling von Canstadt 1832. Im folgenden Jahr brachten in Göttingen der Mathematiker Carl Friedrich Gauß und der Physiker Wilhelm Weber einen Nadeltelegraphen zum Einsatz. Und mit einem Nadeltelegraphen nahm der Eisenbahnpionier George Stephenson 1837 in England eine 30 Meilen lange Eisenbahntelegraphenlinie in Betrieb, 7 Jahre vor Einsatz des »Morseapparats«.

Früher Morse-Apparat (von 1847), der die Zeichen auf einen Streifen schrieb

Wolfgang Amadeus Mozart (1756 bis 1791)

M wie Mozart: Viel Geld verdient und viel verspielt

Als geradezu klassisches Beispiel dafür, wie in Zeiten absolutistischer Fürstenherrlichkeit die Untergebenen und mit ihnen ganz besonders das gottbegnadete Genie von den Herrschenden rücksichtslos ausgebeutet wurden, gilt seit eh und je Wolfgang Amadeus Mozart. Stets – so die beliebte Legende – wurde Mozart von seinen Landesherrn, von raffgierigen Adligen, von seinen Auftraggebern ausgenutzt und viel zu schlecht bezahlt. Deshalb habe er Schulden machen müssen, die sich durch die angebliche Verschwendungssucht seiner Frau ständig vermehrten. Und hartherzige Gläubiger hätten ihn dann vollends ins Elend getrieben.

Mozart hinterließ bei seinem Tod (am 5.12. 1791, noch nicht 36 Jahre alt) tatsächlich so viele Schulden – nach heutigem Wert etwa 75.000 Mark –, daß seine Frau die Hinterlassenschaft nicht annahm (und damit allerdings auch auf die Rechte an seinen Werken – soweit sie ihm noch gehört hatten – verzichtete). Ja, Constanze konnte ihn nicht einmal standesgemäß unter die Erde bringen. Sie ließ ihn in einem Armengrab (jedoch nicht – wie oft behauptet – in einem Massengrab) beisetzen. In Mozart-Biographien ist vor allem ihr, Mozarts Frau, ein großer Teil der Schuld an seiner heillosen finanziellen Misere gegeben worden: Constanze habe nicht wirtschaften können, heißt es, sie habe sein Geld verplempert. Aber nach seinem Tod, zunächst als Witwe, dann in einer zweiten Ehe, soll Constanze ausgesprochen ökonomisch gewirtschaftet haben.

Dies ist nur eine jener Ungereimtheiten, die den Musikwissenschaftler Uwe Kraemer vor einigen Jahren veranlaßten, Mozarts finanzielle Lage anhand überlieferter Briefe und Dokumente nachzurecherchieren: »Wer hat Mozart verhungern lassen?« (»Musika« Heft 3/1976.) Dabei kam heraus, daß Mozart als Komponist, als Pianist und als Klavierlehrer keineswegs schlecht, sondern sogar außerordentlich gut verdient hat. Ja, nach seinem Umzug von Salzburg ins gelobte »Klavierland« Wien (1781, als er 25 Jahre alt war; im nächsten Jahr heiratete er) hätte Mozart sogar schnell reich werden können. Für eine Piano-Lehrstunde nahm er das – so Kraemer – »horrende« Honorar von zwei Gulden. Das war zehnmal soviel wie sein als Pädagoge hochgeschätzter Vater für eine Unterrichtsstunde bekam. Eine Magd im Hause Mozart erhielt (neben Verpflegung und Unterkunft) 12 Gulden für das ganze Jahr!

Für einen seiner Virtuosen-Auftritte, von denen er jährlich im Schnitt sechs veranstaltete (neben noch zahlreichen anderen Auftritten) erhielt Mozart nach eigenen Angaben »wenigstens 1.000 Gulden«. Wie Kraemer errechnete, »dürfte Mozart pro Jahr 10.000 Gulden bezogen haben«, während zum Beispiel der Oberdirektor und Chef-Chirurg des »Wiener Allgemeinen Krankenspitals« zu jener Zeit ein Jahresgehalt von 1.200 Gulden hatte. Auf die heutige

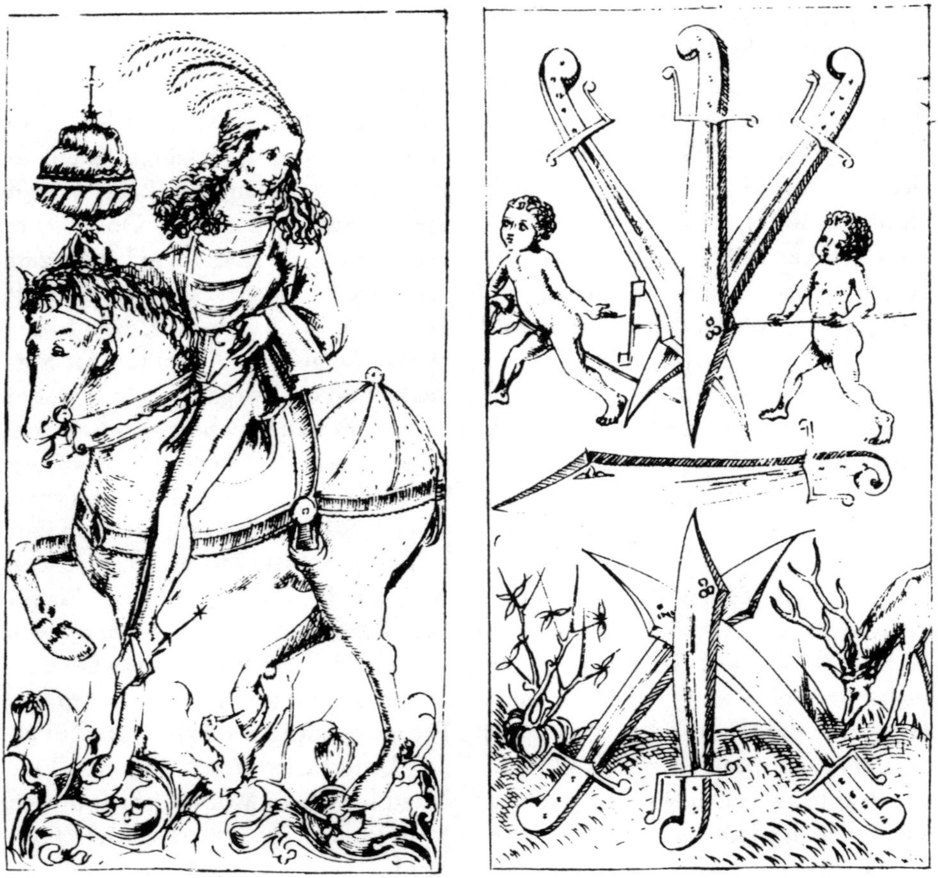

Spielkarten aus dem Kartenspiel des Oberdeutschen Stechers

Kaufkraft umgerechnet (1 Gulden etwa 25 Mark), kam Mozart als freier Künstler, der keine feste Anstellung hatte, jährlich auf eine Viertelmillion Mark. Das war »überdurchschnittlich viel«. Dennoch hat der Großverdiener zu jener Zeit seinen Vater und vor allem seinen Logenbruder Michael Puchberg häufig um Geld gebeten. Das ist selbst dann erstaunlich, wenn man berücksichtigt, daß Mozart in Wien recht aufwendig lebte. Gleich zu Beginn seiner Wiener Zeit hatte er eine der schönsten und teuersten Wohnungen gemietet. Er hielt sich einen eigenen Friseur, eine Köchin, ein Dienstmädchen, hatte ein Reitpferd, trug teure Kleidung und gab viel für Essen und Trinken aus. Doch dafür allein können seine hohen Einkünfte nicht draufgegangen sein. Trotzdem schrieb er Bittbriefe, in denen es so aussieht, als habe ihm das Wasser bis zum Halse gestanden. Und dies war wohl auch wirklich der Fall.

In seinen letzten Jahren war es ganz schlimm. Mehrmals mußte er seinem Logenbruder eingestehen, das Geliehene so bald nicht zurückzahlen zu können. So im Brief vom 27.6. 1788, in dem er aber zugleich um neues Geld bat und den »wertesten Bruder« beschwor: »Wenn Sie mir in dieser meiner Lage nicht helfen, so verliere ich meine Ehre und Kredit, welche das einzige ist, welches ich zu erhalten wünsche...« Nur wenige Tage später schickte er dem Logenbruder zwei Versatzzettel – Mozart hat ständig alle möglichen Wertsachen versetzt, um zu Geld zu kommen – mit der flehentlichen Bitte, ihm darauf »etwas Geld vorzustrecken« – »aber es müßte augenblicklich geschehen«. Ein anderes Mal bat er um 500 Gulden, die er mit 10 Gulden monatlich zurückzahlen wollte, dann um 1.000 oder 2.000 Gulden für 1 oder 2 Jahre. Und wieder ein anderes Mal um eine »etwas ansehnliche Summe auf einen etwas längeren Termin«. Das sind nur wenige Beispiele aus einer langen Reihe von Bittbriefen. Und in allen zeigte sich die ungeheure Dringlichkeit: »Könnten Sie mir denn nicht mit einer Kleinigkeit an die Hand gehen? – Mir wäre für den Augenblick geholfen.«

Es ist so gut wie sicher, daß es Spielschulden waren, die Mozart zu solchen Bittbriefen veranlaßten. Daß Mozart ein leidenschaftlicher Spieler war, der sein Glück immer wieder beim Kartenspiel und vor allem beim Billard versuchte (das damals auch um Geld mit hohen Einsätzen gespielt wurde), hat der Kapellmeister Destouches überliefert. Nach seinen Angaben war Mozart »ein leidenschaftlicher Billardspieler und spielte schlecht. Wann ein berühmter Billardspieler in Wien ankam, hat's ihn mehr interessiert als ein berühmter Musiker. Er spielte hoch, ganze Nächte hindurch, er war sehr leichtsinnig.«

Spielschulden nicht sofort begleichen zu können, galt als unehrenhaft. Und ein überschuldeter Spieler war – auch wenn er Mozart hieß – persona non grata. Das erklärt, warum Mozart in seinen Bittbriefen den wahren Grund seiner Finanzmisere verschwieg.

Nach dem Sündenfall wurden Adam und Eva aus dem Parradies vertrieben. Damit verloren sie und alle ihre Nachkommen die leibliche Unsterblichkeit

N

wie Namenstag: Der Tag der Wiedergeburt für den Himmel

Statt des Geburtstages wird in katholischen Gebieten häufig (und wurde früher sehr viel häufiger) der Namenstag gefeiert. Das ist der Kalendertag jenes Heiligen, dessen Namen jemand bei der Taufe erhielt. Weit verbreitet ist nun die Meinung, das feierliche Gedenken des Namenstages sei lediglich eine Variation der schon in der Antike bekannten und beliebten Geburtstagsfeiern. In Wahrheit geht es da jedoch um etwas grundsätzlich anderes!

Bei den Kalendertagen der Heiligen handelt es sich nämlich nicht um deren Geburtstage, sondern um ihre Todestage. Nach christlicher Vorstellung ist der Todestag der Tag der Wiedergeburt, der Geburtstag für den Himmel. Erst mit dem Tod soll ja das eigentliche, das ewige Leben beginnen. Das hatten einst auch griechische und römische Philosophen gelehrt. Aber während Griechen und Römer dennoch voller Freude das Diesseits genossen und alljährlich ihres Geburtstags gedachten und sich feiern und beschenken ließen, zogen christliche Schriftsteller und Kirchenlehrer die Konsequenzen. Man müsse, schrieb zum Beispiel der im 3. Jahrhundert lehrende Origenes, einer der best angesehenen Gelehrten des christlichen Altertums, das ganze irdische Leben als Nichtigkeit, leeren Schein, Einbildung sehen; es sei eine vorübergehende Zeit, in der der menschliche Geist durch die Sünde zur menschlichen Seele geworden sei, die zur Strafe für ihren Abfall vom göttlichen Geist mit einem Körper verbunden wurde. Die Seele müsse deswegen den Leib als ihren Feind verstehen, weil er sie gefangen halte und den Geist daran hindere, an der wahren Gotteserkenntnis teilzuhaben. Erst der Tod mache den durch die Geburt zur Seele verwandelten und im Leib gefangenen Geist wieder frei. Also ist der Tag des Todes in Wahrheit der Tag der Wiedergeburt.

Dabei spielt der Gedanke von der Erbsünde eine Rolle. Erbsünde ist nach christlicher Lehre die durch den Sündenfall Adams und Evas bewirkte Sündhaftigkeit des Menschen. Eine ihrer Folgen ist – nach katholischer Auffassung – der Verlust der leiblichen Unsterblichkeit. Da jeder Mensch durch seine Geburt in die Schuld Adams verstrickt wird, sah die ältere katholische Kirche vor allem unter dem Einfluß des Origenes in der Geburt keinen Anlaß zur Freude, sondern einen Grund zur Trauer.

Origenes berief sich auf den »Prediger«, der die Toten pries, weil sie von den

Fesseln des Leibes befreit sind, und er verwies auf Jeremias und Job, die den Tag verfluchten, an dem sie auf die Welt gekommen waren. Wie sie habe jeder Heilige empfunden. Er jedenfalls wisse von keinem, der seines Geburtstags festlich oder auch nur mit einem besonderen Geburtstagsmahl gedacht hätte. Nur Sünder könnten sich über Geburtstage freuen.

Ähnlich dachte der wenig ältere Kirchenlehrer Tertullian. Er führte noch ein anderes, vordergründiges Argument gegen das Feiern von Geburtstagen an. Tertullian wetterte gegen die im Römischen Reich üblichen Geburtstagsfeiern der Kaiser, die mit großem Aufwand begangen wurden und an denen man den Kaisern in den ihnen geweihten Tempeln göttliche Ehren erwies. Das sei Vergöttlichung von Menschen, die der christlichen Religion widerspreche, da das Christentum nur einen einzigen Gott kennt. Und Tertullian empfahl den Christen, sich solchen Geburtstagsfeiern fernzuhalten, über die er sich mokierte: »Fürwahr, ein großer Ehrendienst ist es, Räucherpfannen und gepolsterte Pfühle auf die Straße herauszutragen, gassenweise zu schmausen, die ganze Stadt in eine Garküche zu verwandeln, den Straßendreck nach Wein duften zu lassen, in hellen Haufen herumzulaufen zu Schabernack, Schamlosigkeit und schändlicher Unzucht!«

Mit den Kaiserjubiläen lehnten die Christen bald auch alle anderen Geburtstagsfeiern ab. Stattdessen förderten sie das Feiern ihrer Namenstage. Nur die Geburtstage von Maria und Jesus waren ihnen Anlaß zur Freude, durften es sein, weil Maria und Jesus von der Erbsünde frei geblieben waren. Auch der Geburtstag Johannes des Täufers durfte feierlich begangen werden; denn Johannes galt schon als im Mutterleib geheiligt.

Trotz solcher Vorstellungen haben auch Christen ihre Geburtstage gefeiert, jedenfalls in späteren Zeiten; ein ausgesprochenes Verbot hat die Kirche nie erlassen. Vor allem in protestantischen Gegenden erfreuten sich Geburtstagsfeiern zunehmend großer Beliebtheit, als betonte Alternative zu den katholischen Namenstagsfeiern. Doch hatte dies in katholischen Ländern wiederum eine verstärkte Hinwendung zum Namenstag und zur Heiligenverehrung zur Folge. »Jedes Kalb hat Geburtstag, aber noch lange keinen Namenstag«, hieß es bei katholischen Moselbauern. Aber allmählich, vielleicht infolge des stetig wachsenden Staatsbürokratismus, dem das Geburtsdatum eines Menschen das wichtigste für dessen Existenz zu sein scheint, setzte sich auch in katholischen Ländern das Geburtstagfeiern immer mehr durch. Heute werden nicht selten beide gefeiert, Namenstage und Geburtstage, wobei kaum noch bedacht wird, daß die einen eigentlich Todestage sind.

N wie Napoleon: Nicht der Winter verursachte die Rußland-Katastrophe

»Unser Untergang war der Winter. Wir sind Opfer des Klimas.« Das sagte Napoleon im Dezember 1812 zum Grafen Caulaincourt, der ihn auf dem Weg von Rußland zurück nach Frankreich begleitete. Und das erzählte Napoleon genauso in Paris immer wieder, hatte es schon in seinem berühmten 29. Bulletin der Grand Armée behauptet, das er am 3. Dezember in Moledetschno diktiert hatte, zwei Tage bevor er die Armee verließ. Auch später, in seinen Memoiren, die er als Gefangener auf St. Helena diktierte, ist noch immer davon die Rede, daß es vor allem der besonders strenge und ungewöhnlich früh einsetzende Winter von 1812/13 gewesen sei, der ihn und seine tapfere Armee in Rußland geschlagen habe.

Aber das ist eine Legende. Napoleon selber hat sie in die Welt gesetzt, um den Anteil eigener Schuld an der Katastrophe, die eine halbe Million Soldaten das Leben kostete, zu verkleinern. Die Legende von den Schneestürmen, vom Eis auf Straßen und Flüssen, von dem strengen Frost, in dem Menschen und Pferde zu Tausenden erfroren, war so

Wie immer fühlte sich Napoleon auch zu Beginn seines Rußlandfeldzugs als Sieger. Aber in Moskau wartete er zu lange auf ein Friedensangebot des Zaren

einleuchtend, so durchschlagend, daß sie in Tolstois Roman »Krieg und Frieden« und viele andere dichterische und historische Darstellungen, auch in die Historienmalerei eingegangen ist und noch heute geglaubt wird. Zwar war der Winter 1812/13 wirklich einer der kältesten im ganzen Jahrhundert, aber – anders als Napoleon es darstellte – setzte er erst sehr spät ein.

Am 24. Juni 1812 war Napoleon mit seiner Armee, die zur Hälfte aus Franzosen und zur anderen Hälfte aus Deutschen, Österreichern, Schweizern, Spaniern, Portugiesen und Polen bestand, in Rußland einmarschiert. Mitte September war er in Moskau, das in den nächsten Tagen, am 16., 17., 18. September fast völlig niederbrannte. Er wähnte sich als Sieger und wollte Frieden schließen, aber Zar Alexander, der sich in St. Petersburg aufhielt, ließ sich darauf nicht ein. Nervös und zögernd wartete Napoleon in Moskau auf Antwort aus St. Petersburg und entschloß sich endlich – zu spät, wie er bald zugeben mußte – zum Rückzug. Der begann am 19. Oktober.

In seinem Bulletin vom 3. Dezember behauptete Napoleon: »Bis zum 6. November war das Wetter vortrefflich, und die Bewegung der Armee ging mit dem besten Erfolg vor sich. Die Kälte begann mit dem 7.; von diesem Tage an verloren wir jede Nacht mehrere hundert Pferde... Die Kälte nahm plötzlich zu, und in der Nacht vom 14. auf den 15. und den 16. zeigte das Thermometer 16 bis 18 Grad unter dem Gefrierpunkt. Die Wege waren mit Glatteis überdeckt; die Kavallerie, Artillerie- und Trainpferde fielen jede Nacht in Menge um, nicht zu Hunderten, sondern zu Tausenden; vor allem die deutschen und französischen Pferde. Über dreißigtausend Pferde kamen in wenigen Tagen um... Wir mußten einen großen Teil unserer Kanonen im Stich lassen und zerstören, sowie einen großen Teil unseres Kriegs- und Mundvorrats. – Die noch am 6. so schöne Armee war am 14. nur noch ein Schatten..., fast ohne Kavallerie und Transportwagen...«

Am 25., 26., 27. November wurde die Beresina überquert, nachdem zwei Brücken geschlagen worden waren. Auf später entstandenen Gemälden mußten die Soldaten dabei mit Massen von Schnee und gewaltigen Eisschollen kämpfen. Der Napoleon-Biograph André Maurois schreibt in romanhafter Übertreibung sogar von 35 Grad minus während der Beresina-Überquerung und daß russische Granaten das Eis aufgerissen hätten. Aber in Wirklichkeit war der Fluß noch überhaupt nicht zugefroren.

Daß die Kälte erst später kam und daß Napoleons Angaben übertrieben waren, geht einmal aus Augenzeugenberichten hervor, zum andern aber aus einer umfassenden Sammlung meteorologischer Aufzeichnungen jener Zeit, die im Besitz der meteorologischen Zentralanstalt in Helsinki sind und dort

vor einigen Jahren ausgewertet wurden. Die Ergebnisse bestätigten jene Angaben, die bereits 1881 von dem damaligen Direktor des Petersburger Physikalischen Zentralobservatoriums herausgegeben worden waren.

Danach war der Oktober 1812 wärmer als normal. Die mittlere Temperatur betrug in Kiew 10,6 Grad plus, in Warschau 10,2, in Riga 7,7, in Reval 6,6 Grad. Aber auch der November, um den es hier ja vor allem geht, war wärmer als normal und bei weitem nicht so kalt, wie Napoleon behauptete. In Kiew betrugen die mittleren Tageswerte für den ganzen November noch plus 1,8 Grad. Die niedrigste Temperatur wurde in der Nähe von Smolensk gemessen, nämlich minus 8 Grad. Napoleons Bulletin-Angaben von minus 16 und minus 18 Grad werden also nicht annähernd bestätigt.

Daß sie ihm dennoch geglaubt wurden, hat einen einfachen Grund: Die Soldaten haben solche und noch sehr viel härtere Temperaturen ein, zwei Wochen später, im Dezember, wirklich erleben müssen, als ihr Kaiser längst wieder in Paris war. Und die Heimkehrer haben dann von der großen Kälte erzählt und schienen damit Napoleons Angaben zu bestätigen. Wirklich sind erst im Dezember Hunderttausende erfroren. Und das war nicht die Folge eines zu früh einsetzenden Winters, sondern einzig die Folge des von Napoleon zu spät begonnenen und mangelhaft vorbereiteten Rückzugs aus Moskau. Beim Aufbruch hatte die Armee Verpflegung für zwanzig Tage, aber Pferdefutter nur für eine knappe Woche, und es erwies sich als unmöglich, auf dem Rückzug genügend Nachschub zu beschaffen.

Amundsen gratulierte Byrd und Bennett zu ihrem angeblichen Erfolg, unmittelbar nach ihrer Rückkehr von ihrem mißglückten Flug zum Nordpol

N wie Nordpol: Byrd log, als er angab, ihn erreicht zu haben

Noch immer wird es in den Schulen gelehrt, wenn von der Eroberung des Nordpols die Rede ist, noch steht es so auch in den meisten Lexika, nämlich, daß Richard E. Byrd am 9. Mai 1926 als erster am oder genauer über dem Nordpol gewesen sei, in einem Flugzeug zusammen mit Floyd Bennett. Damals galt das als Heldentat, vor allem auch als nationaler Prestige-Erfolg. Mit ihrem Sieg schienen Byrd und Bennett dem Italiener Umberto Nobile und dem Norweger Roald Amundsen und einer dreizehnköpfigen Besatzung, die nur drei Tage später mit dem halbstarren Luftschiff »Norge« wirklich den Nordpol überflogen, zuvorgekommen zu sein.

Für den 38jährigen Byrd war das der entscheidende Schritt zu seiner Karriere als Marine-Offizier, die ihn in der US-Navy bis zum Admiral aufsteigen ließ, als der er drei Jahrzehnte später die amerikanische Antarktis-Expedition zum »Internationalen Geophysikalischen Jahr« (1957/58) vorbereitete. Als er dann, 68jährig, einem Herzleiden erlag, wurde weltweit Anteil genommen, und ganz Amerika trauerte um seinen Nationalheros, der mit mehr als 70 Orden, höchsten Auszeichnungen und mehreren Ehrendoktor-Diplomen dekoriert worden war. Anderthalb Jahrzehnte nach Byrds Tod aber wurde nachgewiesen, daß Richard Evelyn Byrd und Floyd Bennett am 9. Mai 1926 gar nicht am Nordpol gewesen waren. Sie hatten ganz einfach gelogen.

Zweifel an ihrem »Sieg« in dem damaligen Wettlauf zum Nordpol waren bereits unmittelbar nach ihrer Rückkehr aufgekommen, begründete Zweifel, die nie ganz entkräftet wurden. Ein norwegischer Journalist, der sich wegen des bevorstehenden Luftschiff-Flugs auf Spitzbergen aufhielt, schrieb in der »Aftenposten«: »Byrd und Bennett beharren auf der Aussage, daß sie über dem Pol waren. Aber in der kurzen Zeit können sie kaum dort gewesen sein.«

Ihre angebliche Flugzeit von Spitzbergen zum Pol und zurück hatte 15½ Stunden betragen. Auch die italienische Zeitung »Tribuna« zweifelte, daß der Flug unter arktischen Bedingungen in dieser Zeit möglich gewesen sei. Später wurden mit weiteren Argumenten auch von Wissenschaftlern Zweifel vorgebracht, aber inzwischen hatten sich die Behauptungen Byrds und Bennetts überall in der Welt durchgesetzt, und Skepsis wurde als Neid abgetan. Nach einiger Zeit aber rückte Byrd mit Einzelheiten heraus, die die Zweifel wieder hochkommen ließen. Zum Beispiel, wie er den Sonnenstand am Nordpol mit einem Sextanten gemessen habe (was Experten für eine genaue Standortbestimmung für unzulänglich hielten). Verdächtiger war seine Aussage, daß ihnen kurz nach dem Start ein Motor für längere Zeit ausgefallen war, so daß sie einen Teil der Strecke nur mit zwei Dritteln der Höchstgeschwindigkeit fliegen konnten. Günstiger Rückenwind habe das aber ausgeglichen. Eine

Das Luftschiff »Norge«, mit dem Umberto Nobile, Roald Amundsen und ihre Besatzung am 12. Mai 1926 als erste den Nordpol und zugleich das ganze Polargebiet überflogen, drei Tage nach Byrds und Bennetts Versuch

Nachprüfung der Wetterkarten jenes Tages ergab jedoch, daß Byrds Angaben über die Windverhältnisse nicht zutrafen.

Es kamen schließlich immer mehr Experten zu der Überzeugung, daß die Focker F-VII-3 m, die Byrd und Bennett benutzt hatten, den Flug zum Pol und zurück unmöglich in der angegebenen Zeit hätte schaffen können. Einer von ihnen war der Norweger Bernt Balchen. Er kannte die Maschine genau, weil er sie selber geflogen hatte. Er kannte auch Byrd und Bennett. Zusammen mit Bennett flog Balchen wenige Monate nach dem angeblichen Nordpolflug in derselben Maschine eine Amerika-Tour. Und dabei brachte er Bennett zu dem Geständnis, daß Byrd und er gar nicht am Nordpol gewesen waren.

Bennett erzählte, sie hätten kurze Zeit nach dem Start einen Motor wegen Ölverlusts abstellen müssen. Später hätten sie ihn wieder mitlaufen lassen können, doch seien sie da schon nicht mehr weiter in Richtung Nordpol geflogen, sondern wieder zurück in Richtung Spitzbergen. Dann aber habe Byrd befohlen, wieder umzudrehen, und nun seien sie vierzehn Stunden lang in dem Gebiet hin und her geflogen, um nach insgesamt 15½ Stunden auf Spitzbergen wieder zu landen.

Als Balchen dies dreißig Jahre später in seiner Autobiographie schrieb, nach Byrds Tod, griff Byrds Bruder ein, der Senator Harry Flood Byrd. Unter seinem Druck kam es zu einer »gereinigten« Fassung des Buches, während die Urfassung zurückgezogen wurde. Erst 1971 brachte Richard Montague, Redakteur von »Newsweek magazine« und früher Auslandskorrespondent von »The New York Herald Tribune« die Urfassung von Balchens Autobiographie wieder ans Licht und trug in seinem Buch »Oceans, Poles and Airman – The First Flights over Wide Waters and Desolate Ice« alles über Byrds und Bennetts angeblichen Nordpolflug von 1926 zusammen.

Seitdem steht fest, daß nicht Byrd als erster den Nordpol überflog, sondern daß dies am 12. Mai 1926 um 2.25 Uhr nach 16½stündiger Fahrt im Luftschiff »Norge« Umberto Nobile, Roald Amundsen und L. Ellsworth und ihrer Besatzung gelang. Bei strahlendem Sonnenschein überquerten sie langsam in 200 Meter Höhe den Nordpol und warfen eine norwegische, eine amerikanische, eine italienische Flagge und ein vom Papst geweihtes Kreuz ab. Nach einer insgesamt 70stündigen Fahrt von Kings Bai (Spitzbergen) landete die »Norge« nach 4425 Kilometern in Teller in Alaska. Damit war zum erstenmal auch das ganze Polargebiet überflogen worden.

Laufen war die älteste Disziplin der Olympischen Spiele. Es waren keine Amateure, sondern Berufssportler, die an den Wettkämpfen teilnahmen

O

wie Olympia: Auch bei den antiken Spielen ging es ums Geld

Nicht nur regelmäßig zu den Olympischen Spielen, sondern stets dann, wenn es im Sport ums Geld geht oder um besonders viel Geld, wird das alte Klagelied vom Untergang der »Olympischen Idee« angestimmt. Einst, im antiken Olympia, so heißt es dann, sei es im Sport noch rein und edel zugegangen. Nicht für schnöden Mammon hätten die olympischen Wettkämpfer sich angestrengt, sondern allein für die Ehre, und die Sieger seien lediglich symbolisch ausgezeichnet worden, mit nichts sonst als einem Zweig vom wilden Ölbaum. Heute hingegen, in unserer so profitgierigen Welt, gebe es nur noch den Professionellen-Sport; wirkliche Amateure, wie einst bei den griechischen Spielen, gebe es kaum noch. Der Professionellen-Sport mit seinem ganzen Rummel, bei dem es eben immer nur ums Geld gehe, habe die Olympische Idee kaputt gemacht.

Dieses allbekannte und überaus beliebte Klagelied, das in Zeitungen keineswegs nur auf den Sportseiten gesungen wird, beruht jedoch – was die antiken Olympischen Spiele angeht – auf ganz irrigen Voraussetzungen. In Wahrheit hat es bei den Olympischen Spielen schon vor zweieinhalb Jahrtausenden keine Amateure mehr gegeben. Die Kämpfer waren Professionelle. Und diesen meist sehr einseitig begabten und entsprechend trainierten Berufssportlern ging es bei ihrer Karriere immer auch ums große Geld. Zwar ist es richtig, daß die Sieger in Olympia nur mit einem Olivenzweig ausgezeichnet wurden, aber die Siege brachten ihnen dennoch mehr ein als nur Ehre und Ruhm.

Die Sieger konnten sicher sein, bei der Rückkehr in ihre Heimatstadt großzügig belohnt zu werden. Alle griechischen Städte (an den Olympischen Spielen durften nur Griechen teilnehmen, keine Fremden) waren stolz darauf, siegreiche Athleten zu den Ihren zu zählen. Deswegen wurden die Athleten von den Städten schon während der Ausbildung besonders gefördert, und zwar aus speziellen Fonds, die meistens aus Spenden stammten. Daraus wurden die Sportanlagen bezahlt, die Trainer, die Masseure, die Ärzte, die Köche (für die besondere Diät), auch die Trainingspartner. Und schließlich die Siegesprämien.

Wer in Olympia siegte, wurde von seiner Heimatstadt im Triumph eingeholt. Meist erhielt er für sich und seine Familie ein lebenslanges Recht auf die tägliche Hauptmahlzeit im Prytaneion, dem Rathaus der Stadt. Oder es gab Renten

Ältere Rekonstruktion von Olympia mit dem großen Zeus-Tempel, in der

ie gut 12 Meter hohe Zeus-Statue des Phidias auf einem Thron saß

Überaus beliebt waren in Olympia die Wettkämpfe im Wagenrenne

)arstellung auf einer Vase)

oder Befreiung von der Steuer. Oft gab es auch Geldgeschenke. Der athenische Staatsmann Solon (um 600 v. Chr.) ließ jedem aus Athen stammenden Olympia-Sieger 500 Drachmen auszahlen, eine Summe, für die ein Soldat zu jener Zeit etwa zwei Jahre Dienst tun mußte. Und häufig wurden Olympia-Sieger in Standbildern verewigt und ihre Siege auf Schrifttafeln festgehalten, die dann in Olympia ausgestellt wurden.

Der eigentliche Gewinn jedoch, der den Athleten aus olympischen Siegen erwuchs, bestand darin, daß mit dem Ansehen auch ihr Wert stieg und sie deswegen bei anderen Spielen von vornherein bessere Chancen hatten. Außer den Olympischen Spielen (die zuerst für das Jahr 776 v. Chr. belegt sind, aber sicher noch älter sind), wurden regelmäßig noch andere große Sportspiele veranstaltet: die pythischen (in Delphi ursprünglich alle acht, seit 582 v. Chr. – wie die Olympischen – alle vier Jahre), die isthmischen (auf dem Isthmus von Korinth, alle zwei Jahre) und die nemeischen (im Tal zwischen Kleonai und Phleius, auch alle zwei Jahre). Bei diesen Spielen, die stets so gelegt wurden, daß sie sich mit den Olympischen nicht überschnitten, lockten keinesfalls nur Lorbeer-, Fichten- und Selleriekranz, sondern vor allem hohe Geldgewinne.

Die antiken Berufsathleten, die (abgesehen von den Fünfkämpfern) keine Allroundsportler waren, sondern sich meistens auf nur eine einzige Sportart spezialisiert hatten (etwa auf die Disziplinen Laufen, Ringen, Faustkampf, Reiten, Wagenlenken), zogen von einer Sportveranstaltung zur anderen. Außer den genannten vier großen panhellenistischen Spielen gab es noch an die dreihundert kleinere örtliche Veranstaltungen im Jahr, bei denen es auch um Geldpreise ging. Es ist überliefert – so der amerikanische Althistoriker M.I. Finley – daß einmal einem Olympia-Sieger nur für seine Teilnahme an einem Provinz-Sportfest 30000 Drachmen gezahlt wurden. Das war ungeheuer viel Geld, für das ein Handwerker damals hätte hundert Jahre arbeiten müssen! Möglicherweise ist die Zahl eine Übertreibung, aber daß die griechischen Profis hoch dotiert wurden und die ausgesetzten Geldpreise beachtlich waren, steht fest.

Bei solchen Gewinnchancen war es kein Wunder, daß hart gekämpft und vor allem hart trainiert wurde. Die Athleten lebten nur für ihren Sport. Sie ernährten sich nach besonderen Diäten, fleischreich und muskelbildend. Und sie wurden zu ihren Höchstleistungen im wahren Sinn des Wortes gepeitscht. Wie aus zahlreichen überlieferten Abbildungen hervorgeht, arbeiteten die Trainer stets mit Peitschen. Der hohe Einsatz ums große Geld hatte noch eine Folge, die sich ebenfalls nicht in unser so beliebtes Winckelmann-Bild von Griechenlands »edler Einfalt und stiller Größe« einfügt, nämlich, daß es bei den großen sportlichen Wettkämpfen – wie seit Beginn des 4. Jahrhunderts v. Chr. überliefert – auch schon zu Bestechungen und betrügerischen Absprachen kam.

Ö

wie Öl: Das Schwarze Gold war schon vor Jahrtausenden bekannt

Daß Öl schon in der Antike eine große wirtschaftliche Rolle spielte, ist bekannt. Doch wird dabei immer nur an pflanzliches Öl gedacht, gewonnen vor allem von den Ölbäumen, wie es in der Bibel heißt, den Olivenbäumen. Das Öl wurde als Nahrung gebraucht, zur Körperpflege und in der Medizin, als Brennmaterial in den Öllampen und zu kultischen Zwecken. Dabei handelte es sich jeweils um unterschiedliche Güteklassen. Für kultische Zwecke durfte nur feinstes Öl verwendet werden.
Sehr viel Olivenöl, das als besonders gut galt, wurde in Palästina gewonnen. Das Ölgeschäft war da aber vor allem deswegen besonders einträglich, weil das Gesetz allen Juden in der Welt vorschrieb, nur in Palästina gewonnenes Öl zu verwenden. Also mußte von Palästina aus das Öl in alle Welt exportiert werden, obgleich – wie ja noch heute – in allen Mittelmeerländern Olivenöl gewonnen wurde.
Außer dem Olivenöl, das die Ägypter schon vor vier Jahrtausenden herstellten, gab es auch Öle verschiedener Palmarten, von Nüssen, Mandeln, Sesam. Und es gab wohlriechende Öle aus Blüten, etwa von Rosen, Kalmus, Zimt, Kassia, Laudanum, Weihrauch, Narde, Lorbeer, Lilie, Isis, Granate, Zyprus. Diese wurden für Salben und Parfüms verwendet.
Sehr viel weniger aber ist bekannt, daß schon im Altertum auch Erdöl, heute das »Schwarze Gold«, verwendet wurde. »Mit Sicherheit hat in vielen Lampen bereits Erdöl als Leuchtmittel gedient. Es war damals für diesen Zweck längst bekannt«, schreibt Joachim Zahn in seinem Buch »Nichts Neues mehr seit Babylon« (1979), dem wir hier folgen. Die Japaner hatten schon im 7. vorchristlichen Jahrhundert »brennendes Wasser« gefunden und damit geheizt. Auch die Chinesen der Han-Zeit (221 vor Chr. bis 263 n. Chr.) kannten Erdöl und nutzten es. Sie gewannen es durch den Bau von 1000 Meter tiefen Schächten und leiteten es durch Bambusröhren in das Gebiet der heutigen »Vier-Ströme«-Provinz Szetschuan, wo sie Salz aus Sole gewannen; sie heizten mit dem Öl die Salzpfannen.
Auch in der abendländischen Welt wurde Erdöl benutzt. So wurden die unter Kaiser Septimius Severus in Byzanz erbauten Prunkthermen, die 205 n. Chr. eröffnet wurden, mit Erdöl geheizt. Das Öl kam aus den Vorkommen bei Baku, wo die ewigen Feuer in den Steppen seit uralten Zeiten bekannt waren. Im 1. Jahrhundert n. Chr. hat Plinius in

Römische Öllampen

seinen Schriften Erdöl erwähnt, und zwar Erdpechtümpel in Syrien, eine Erdölquelle in Babylonien und auf dem Wasser schwimmendes Erdöl: »In der Stadt Samasota in Commagne [einer Provinz in Syrien] ist ein Sumpf, der brennenden Schlamm, Maltha genannt, auswirft. Wenn er an einen festen Körper kommt, so hängt er sich daran fest; berührt man ihn, so folgt er nach, auch wenn man flieht...«

»Von ähnlicher Beschaffenheit ist die Naphta; so heißt nämlich eine bei Babylon... aus der Erde wie flüssiges Harz hervorquellende Materie. Sie hat große Verwandtschaft zum Feuer, denn dies springt ihr, sobald es sich irgendwo blicken läßt, zu...«

»Ferner findet sich eine fettige Materie von öliger Konsistenz in einer Quelle zu Acragantum in Sizilien, welche dem Wasser ein farbiges Ansehen gibt, von den dortigen Bewohnern mittels Rohrbüscheln, an welche sie sich gern anhängt, gesammelt und in Lampen statt Öl gebrannt wird...« Plinius meinte also, daß diese Materie, die auf dem Wasser bunt schillerte, statt des herkömmlichen Pflanzenöls in den Lampen benutzt wurde.

Joachim Zahn interpretiert eine Bemerkung des römischen Schriftstellers Juvenal als Hinweis auf die Verwendung von Erdöl auch in Rom, nämlich wo Juvenal sagt, daß »der Dunst der von den Knaben mitgebrachten Lampen die Büsten des Horaz und des Vergil in der Schulstube schwarz räuchert...« Pflanzenöle rußen nicht so stark.

Auch den Griechen war Erdöl bekannt. Der berühmte Arzt Hippokrates, der von 460 bis 375 v. Chr. lebte und dem eine Schrift über Epilepsie und eine andere über den Einfluß der Umwelt auf die Gesundheit (über Luft, Wasser und Örtlichkeit) zugesprochen wurden, verordnete Erdpech und Erdöl zur äußerlichen Anwendung gegen allerlei Leiden. Dasselbe tat einige Jahrhunderte nach ihm auch der Leibarzt von Kaiser Nero. Ebenso hielt der griechische Arzt Pedanios Dioskoridis, der im 1. Jahrhundert eine fünfbändige Arzneimittellehre schrieb, die für anderthalb Jahrtausende das maßgebende Werk in der Pharmakologie und Pharmazie blieb, Erdöl für ein natürliches Heilmittel. Er riet sogar zum Einnehmen. Vermutlich haben lange vor ihm auch schon ägyptische, babylonische und sumerische Ärzte oder Priester Erdöl oder Ölschlamm für heilkräftig gehalten. Von Alexander dem Großen wird berichtet, daß er in Persien auf eine Ölquelle stieß und meinte, solches Öl sei »den Menschen von den Göttern zur Kräftigung bei großen Anstrengungen gegeben.«

Noch während des ganzen Mittelalters wurde Erdöl für heilkräftig gehalten, vor allem bei Rheuma, Hautkrankheiten und Verdauungsbeschwerden, sogar noch im 19. Jahrhundert. Dann aber, gereinigt, destilliert, raffiniert, setzte es sich in der ganzen Welt als Leuchtöl für Lampen durch, und schließlich wurde es zum wichtigsten Energieträger.

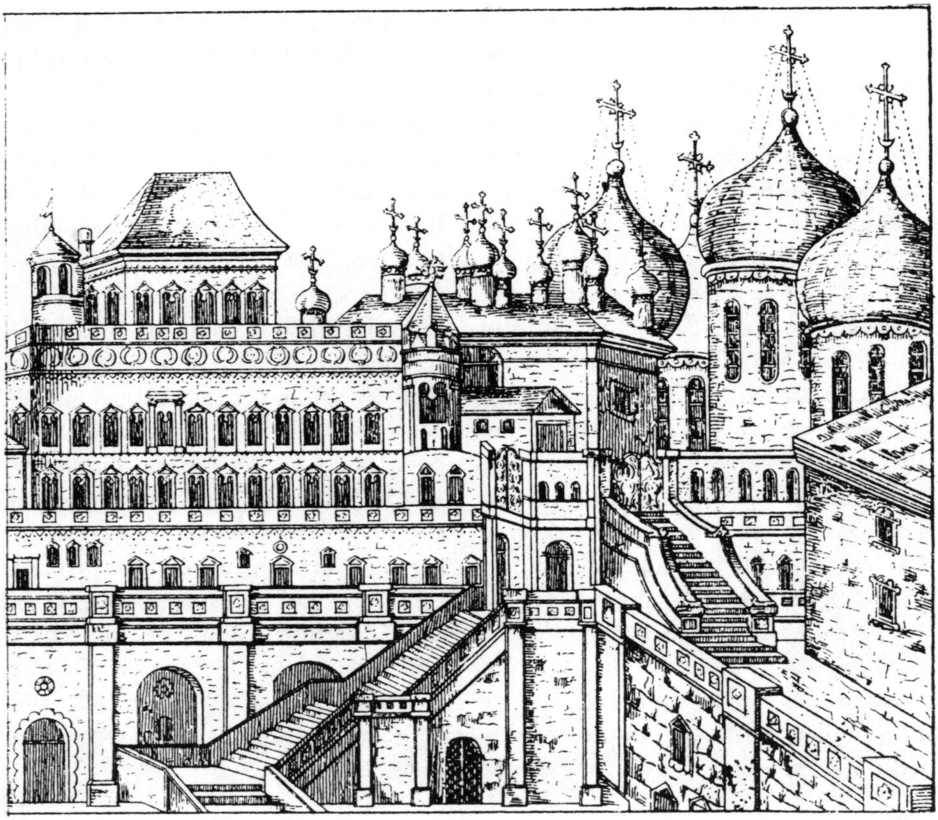

Alter Zarenpalast im Kreml zu Moskau

P

wie Potemkin: Seine Dörfer waren keineswegs aus Pappe

Sie sind die wohl bekannteste und beliebteste Metapher für Blendwerk, leeren Schein, für eine besondere Art von Betrug und Gaukelei: die »Potemkinschen Dörfer«. In der Brockhaus Enzyklopädie (Bd. XV, von 1972) heißt es: »Der Ausdruck geht zurück auf die von Fürst Potemkin anläßlich der großen Reise Katharinas II. in die Krim (1787) rasch aufgebauten und zum Schein bevölkerten Dörfer, die einen blühenden Zustand des Landes vorspiegeln sollten...« Und das ist die zwar gängige, aber falsche Meinung.

In Wahrheit hatte Gregorij Alexandrowitsch Potemkin keinen Grund, die Zarin mit Attrappen zu täuschen. Denn was Katharinas einstiger Liebhaber (und möglicherweise gar heimlich angetrauter Ehemann) als eine Art Entwicklungsminister für das neu eroberte Gebiet am Schwarzen Meer in kurzer Zeit aus dem Boden gestampft hatte, war durchaus handfest. Der als Skeptiker bekannte deutsche Kaiser Joseph II., der als Gast an der Inspektion teilnahm, war jedenfalls tief beeindruckt. Über die neue Flottenbasis Sewastopol war Joseph geradezu erschrocken. Und der französische Gesandte, Graf Ségur, schrieb nach der Besichtigung der von Potemkin errichteten Hafenstadt: »Es schien uns unfaßlich, daß Fürst Potemkin es möglich gemacht hatte, in einem 800 Meilen von der Hauptstadt entfernten und erst kürzlich eroberten Land in zwei Jahren so vieles zu erreichen, eine Stadt zu bauen, eine Flotte zu schaffen, Festungen anzulegen und eine so große Bevölkerung zusammenzubringen: es war dies ein wahres Wunder an Schaffenskraft.«

Sewastopol war nur einer von Potemkins großen Erfolgen. Ein anderer war die ukrainische Stadt Cherson. Über sie schrieb die Zarin: »Die Bemühungen des Fürsten Potemkin haben aus diesem Gebiet ein wirklich blühendes Land und eine blühende Stadt gemacht, wo vor dem Frieden nicht eine einzige Hütte stand...« – Vor dem Frieden bedeutete vor 1774, als der erste Russisch-Türkische Krieg beendet wurde, in dem Rußland sich einen Zugang zum Schwarzen Meer verschaffte: Neun Jahre später hat es sich auch die Krim einverleibt, die dann von Potemkin kolonisiert wurde.

Nach der Gründung Sewastopols begann Potemkin mit dem Bau einer Stadt, die er zu Ehren Katharinas Jekaterinoslaw, »Katharinas Ruhm«, nannte. Sie sollte etwas Besonderes werden: Industriezentrum und Universitäts-

Sommerresidenz der Zaren in Sankt Petersburg

stadt mit Konservatorium und Musikakademie. Jekaterinoslaw am Dnjepr (heute Dnjepropetrowsk) sollte Gerichtshöfe erhalten, ein Theater, ein Einkaufszentrum und eine Kathedrale, die – so schrieb Potemkin an Katherina – »in ihrem Bau der Peterskirche in Rom gleichen soll«. Als erstes wurde eine Fabrik für Seidenstrümpfe gebaut, und daraus entwickelte sich eine umfangreiche Seidenindustrie mit Raupenzucht, Spinnereien und Färbereien.

Wie Jekaterinoslaw blühte auch Nikolajew, eine weitere potemkinsche Städtegründung, rasch auf. Und Potemkins Sewastopoler Befestigungen und die Schwarzmeerflotte bewährten sich bereits wenige Monate nach Katharinas Inspektion. Das war im zweiten Russisch-Türkischen Krieg. Die Schiffe waren also nicht, wie kolportiert wurde, aus so morschem Holz gebaut, daß sie zerbrechen würden, noch ehe sie zum Einsatz kämen.

Nicht alle seine Projekte hat Potemkin realisiert. Dafür waren sie in der Planung zu gewaltig. Aber daß er Scheindörfer errichtet und nichts Bleibendes geschaffen habe, war eine plumpe Verleumdung. Sie entstand bald nach 1787, und weil der einflußreiche Potemkin viele Neider hatte, fand sie rasche Verbreitung. Überall in Europa wurde sie kritiklos aufgenommen – wie jeder

Klatsch über die liebeshungrige Zarin und ihren Günstling. Schriftlich findet sie sich zuerst in einer Artikelfolge der Hamburger Zeitschrift »Minerva«, einem »Journal historischen und politischen Inhalts« (1797–1799).

Dieses frühe Beispiel von Rufmord durch die Presse, zunächst anonym erschienen, wurde 1808 ins Französische, 1811 ins Englische, dann in weitere Sprachen übersetzt. Autor war ein sächsischer Diplomat namens Helbig. Sein Machwerk bildet die Grundlage noch anderer Lügen über Potemkin. Da ist nicht nur von Papphäusern und Gipspalästen die Rede, sondern auch von veruntreutem Geld. Und von Millionen unterdrückter Leibeigener, die als Bauern verkleidet mit Vieh von einem Scheindorf zum andern gehetzt worden seien. Helbig behauptete sogar, Potemkin habe im Anschluß an sein trügerisches Blendwerk Hunderttausende jener unglückseligen Opfer dem Hungertode preisgegeben.

Die Lüge von den Potemkinschen Dörfern entsprach einer Wunschvorstellung: niemand in Europa wollte wahrhaben, daß Rußland sich zu einer Großmacht entwickelte. Das Bild von den Potemkinschen Dörfern wurde zum Klischee für ein angeblich rückständiges Land, mit dem man leichtes Spiel haben könne. Darauf fiel schon Napoleon herein. Und zwei weitere Beispiele: Im Zweiten Weltkrieg behauptete die deutsche Propaganda, die Russen seien 1939 in Polen mit »Potemkinschen Panzern« eingerückt, Attrappen aus Pappe. Und 1957, als es den Russen als ersten gelang, einen Satelliten auf eine Erdumlaufbahn zu bringen, den »Sputnik I«, kam im Westen allen Ernstes die Meinung auf, Sputnik könne ein »Potemkinscher Satellit« sein, dessen Signale gar nicht aus dem Weltraum kämen, sondern nur irgendwie vorgetäuscht seien.

P wie Preußen: Nicht immer waren seine Beamten unbestechlich

Wenn irgendwo Korruptionen an den Tag kommen, was in unserem profitgierigen Zeitalter ja nicht gar so selten ist, dann wird voller Sehnsucht nach anständigeren Zeiten gerne jener vorbildliche Idealtyp des preußischen Beamten von einst beschworen. Für ihn habe es so etwas wie Korruption nie gegeben; in reiner Pflichterfüllung sei der preußische Beamte unbestechlich gewesen, ja er ist geradezu ein Synonym für Unbestechlichkeit.

Aber war es wirklich so? Und zu allen Zeiten? Zur Zeit des Soldatenkönigs waren – und das ist belegt – die meisten höheren Beamten, die Staatsräte, die Minister, auch viele mittlere und kleinere Beamte und Angestellte am königlichen Hof genau das, was wir heute korrupt nennen. Das heißt, sie ließen sich von Vertretern fremder Mächte bestechen, indem sie für Geldgeschenke oder gar regelmäßige finanzielle Zuwendungen ausplauderten, was bei Hofe geschah und was der König für Pläne hatte.

Daß seine Minister, allen voran der Erste preußische Staatsminister, der Generalfeldmarschall von Grumbkow, von anderen Regierungen Schmiergelder nahmen, wußte König Friedrich Wilhelm sehr wohl. Er hat es einfach mit einberechnet. Wenn ihm der Bericht eines Ministers zu sehr im Sinne einer fremden Regierung, also gekauft zu sein schien, dann konnte es vorkommen, daß er quer darüber schrieb: »Ihr liebt die Guineen zu sehr!«

Die meisten Bestechungsgelder, die nach Potsdam flossen, kamen vom kaiserlichen Hof in Wien. Auch das wußte Friedrich Wilhelm. Er wußte, daß der kaiserliche Gesandte an seinem Hof, der Graf Seckendorff, auch seinen, des Königs, Schloßkastellan, bezahlte, mit dem der König oft über seine Sorgen und Pläne sprach. Und sicher war es für ihn kein Geheimnis, daß Seckendorff auch die vertrauteste Kammerfrau der Königin, Madame Ramen, gekauft hatte. Aber was der Soldatenkönig nicht gewußt zu haben scheint, war die Tatsache, daß sogar der junge Friedrich, sein Sohn und Kronprinz, vom Wiener Hof Schmiergelder nahm, und zwar in beträchtlicher Höhe.

Das begann nach Friedrichs Küstriner Zeit, ein gutes Jahr nach seinem mißglückten Fluchtversuch. Da ließ ihm der Prinz Eugen, Erster Ratgeber des Kaisers, durch Seckendorff ein Angebot machen, brieflich, ganz offen: »Da ich befürchte, daß man während des Aufenthalts in Küstrin nicht umhin konnte, etliche Schulden zu machen, wird es durchaus notwendig sein, dieselben zu bezahlen, bevor der König von ihrer Existenz erfährt...« Und Wien bot dem 19jährigen preußischen Kronprinzen eine Jahrespension von 2500 Dukaten.

Das war viel Geld, und Dukaten waren die meist begehrten Goldmünzen jener Zeit. Natürlich erwartete man in Wien nicht etwa, daß der preußische Kronprinz für dieses Geld irgendwelche Geheimnisse verraten würde, aber man

Das Berliner Schloß. Die Königsfamilie hatte nur wenige Räume zur Verfügung; die meisten Räume wurden von der Verwaltung benutzt

wollte ihn sich geneigt machen, ihn für die Wiener Politik gewinnen. Und zur Wiener Politik gehörte der Plan des Prinzen Eugen, den künftigen Preußenkönig mit einer Prinzessin aus einem den Habsburgern ergebenen Fürstenhaus zu verheiraten. Eugen hatte schon eine solche Prinzessin ausgesucht, eine Nichte der Kaiserin: Elisabeth Christine von Braunschweig-Bevern, die Friedrich dann zwei Jahre später höchst widerwillig geheiratet hat.

Zunächst jedoch dachte er nur an das Geld, mit dem er endlich seine Schulden bezahlen konnte. Er nahm das Wiener Angebot an. Dabei war jedoch größte Vorsicht geboten, damit der König nichts erfuhr. Das war nicht ganz einfach, denn viele Leute in der Umgebung des Kronprinzen spionierten für den König (wofür der König sie bezahlte). Deswegen gab Seckendorff dem jungen Friedrich den Rat: »Da es Aufsehen erregen würde, wenn die Schulden alle auf einmal beglichen würden, dürfte es ratsam sein, Monat für Monat einen Teil derselben zu bezahlen...«

Seckendorff und Friedrich dachten sich sogar einen besonderen Code aus. Wenn Friedrich in einem Brief sein »äußerstes Entzücken« über »die Bücher« zum Ausdruck brachte, die er von Sekkendorff erhalten und die er »wieder und wieder lesen« möchte, dann waren damit Dukaten gemeint. Und als er schrieb: »Ich sende Ihnen in einem Kuvert das Lied, um das Sie mich baten«, meinte er damit eine von Seckendorff geforderte Quittung, wobei er zugleich eingestand, inzwischen schon wieder »auf dem trockenen« zu sitzen.

War Friedrich also korrupt? Auf jeden Fall war er gut geschmiert, wenn auch vielleicht nicht gut genug. Denn kaum an der Macht, hat er dem Kaiserhaus keinen Dank gewußt, sondern ist ins österreichische Schlesien eingefallen. Als Kronprinz tat er eben das, was alle (fast alle; der alte Dessauer zum Beispiel nicht) in seiner Umgebung taten: Schmiergelder nehmen, wo immer man sie kriegen konnte.

Der Schlimmste war Preußens Erster Staatsminister Friedrich Wilhelm v. Grumbkow. Anfangs ließ er sich von England bestechen, dann von Frankreich und schließlich, in großem Stil, von Wien. Gegen Geld überließ er dem Grafen Seckendorff diplomatische Korrespondenzen seines Königs und unterrichtete ihn über alle Vorgänge des königlichen Familienlebens. Von ihm wußte der Prinz Eugen auch, daß der junge Friedrich in Küstrin so viele Schulden gemacht hatte.

Von Geld ist in Geschichtsbüchern allenfalls am Rande die Rede, obgleich es schon immer die größte Macht ausübte. Auch über preußische Beamte. – Es kam aber auch eine Zeit, zu der Preußens Beamte wirklich unbestechlich waren. Sie kam mit der großen Erneuerung, im Preußen des Freiherrn vom Stein, Scharnhorsts, Gneisenaus, also in der Zeit nach den Befreiungskriegen.

Friedrich Wilhelm von Grumbkow

In Höhlen bei Qumran wurden Tausende von Schriftrollenfragmenten gefunden

Q

wie Qumran: Jesus Christus und die Schriftrollen vom Toten Meer

Weltweiter Wirbel entstand in den ersten Jahren nach Entdeckung der Schriftrollen vom Toten Meer, der Qumran-Texte. Die ersten Rollen waren 1947 ganz zufällig von einem Beduinenjungen in einer Höhle gefunden worden. Sie steckten in großen Tongefäßen, umwickelt mit Leinen, das in Öl getränkt oder mit Bitumen bestrichen war, wodurch die Schriften zwei Jahrtausende lang vor Luft und Feuchtigkeit geschützt gewesen waren. Später kamen dort (nahe der Nordwestecke des Toten Meeres, wo das Gelände steil ansteigt) bei systematischem Suchen in zehn weiteren Höhlen noch sehr viele Rollen und Rollenteile ans Licht, am meisten in Höhle 4. Da fand man Tausende von Fragmenten, die zu mehr als 300 verschiedenen Manuskripten gehörten.

Bei Ausgrabungen kam noch mehr zutage, nämlich die ganze Siedlung der Qumran-Mitglieder, ihr religiöses Zentrum, wo sie einst gelebt und gearbeitet hatten, von etwa 100 v. Chr. bis ins Jahr 68 n. Chr., als die Römer die Anlage zerstörten. Kurz bevor die Römer kamen (die dann auch Jerusalem eroberten und die Stadt und den Tempel zerstörten), scheinen die Mitglieder der Qumran-Sekte ihre Bibliothek oder wenigstens große Teile davon in Höhlen und Gräbern versteckt zu haben. Mit den Funden aus den Gräbern lagen schließlich Fragmente von mehr als 600 alten Handschriften vor. Ihre Entzifferung, mit der sofort begonnen wurde, ist noch längst nicht abgeschlossen.

Bei den Handschriften handelt es sich um eine große Sammlung religiöser und theologischer Schriften aus der Zeit zwischen 200 v. Chr. und 68 n. Chr. Darunter sind Fragmente von allen Büchern des hebräischen Kanons des Alten Testaments mit Ausnahme des Buches Esther. Diese Texte sind ein volles Jahrtausend älter als die endgültige Fassung der hebräischen Texte, die erst im Mittelalter erfolgte.

Der weltweite Wirbel aber entstand wegen anderer Handschriften. Sie betreffen das Leben und die religiösen Lehren der Qumran-Sektierer. In der Enzyklopädie »Die Bibel und ihre Welt« (herausgegeben von G. Cornfeld und G. J. Botterweck, deutsche Ausgabe Bergisch Gladbach 1969) heißt es: »Die Gemeinde war eine Genossenschaft von Priestern und Laien, die nach den göttlichen Gesetzen leben wollten, wie sie in der Thora und den Prophetenschriften niedergelegt waren. Ihr Ziel war es, jenen Grad von Heiligkeit zu erreichen, den der alttestamentliche Gott von seinen Gläubigen forderte.« Sie glaubten, das Ende der Welt werde noch zu ihren Lebzeiten kommen und daß dann aus dem »Rest« des alten Israel ein neues Israel geschaffen werde, aufgrund eines Neuen Bundes mit Gott. Sie glaubten, daß das Neue Zeitalter mit dem Kommen des Messias einsetzen werde. Den erwarteten Messias nannten sie den »Lehrer der Rechtschaffenheit«.

Und über diesen »Lehrer der Rechtschaffenheit« kam es unter den Experten, die sich mit der Entzifferung und der Interpretation der Qumran-Schriftrollen befaßten, zu heftigen Auseinandersetzungen. Einige von ihnen behaupteten, die Lehre der Qumran-Sektierer sei eine frühe Form der christlichen Lehre gewesen. Der Franzose André Dupont-Sommer (Universität Paris) und der Engländer John Allegro (Universität Manchester) stürmten dabei am weitesten vor. Dupont-Sommer sagte vor einem Gremium von Fachleuten, die Schriftrollen hätten nicht nur *eine* Umwälzung in der Bibelwissenschaft zur Folge, »sondern eine ganze Flut von Umwälzungen«. Und der englische Handschriftenforscher Allegro stellte eine Liste von Parallelen zwischen dem »Lehrer der Rechtschaffenheit« und Jesus zusammen. Wie Jesus habe auch er Reue, Armut, Demut, Nächstenliebe, Keuschheit gepredigt; sei auch er der Auserwählte, der Messias gewesen; sei auch er von den orthodoxen Priestern als Feind angesehen worden; habe auch er das Gericht über Jerusalem gesprochen; habe auch er eine religiöse Gruppe gegründet, deren Anhänger seine Wiederkehr erwarteten, und sei auch er hingerichtet worden.

Die Art seines Todes, meinte Allegro, und die Bedeutung, die seine Anhänger ihm gaben, sei bei alledem am bemerkenswertesten: Die Sekte war von dem verhaßten Priesterkönig Alexander Jannaeus aus Jerusalem vertrieben worden und hatte sich bei Qumran niedergelassen. Zehn Jahre später aber sei Jannaeus mit seinen Soldaten dorthin gekommen und habe den »Lehrer der Rechtschaffenheit« kreuzigen lassen. Dessen Anhänger hätten ihn vom Kreuz genommen, ihn beigesetzt und sein Grab in der Überzeugung bewacht, daß er auferstehen werde.

Dies war es, was am Ende der fünfziger Jahre so viel Wirbel machte. Man mußte es für möglich halten, daß Jesus an Originalität verlor, weil er einen Vorläufer hatte, dem er alles nur nachgemacht zu haben schien. Aber andere Experten widersprachen dem: Von Kreuzigen sei in der Schriftrolle über den »Lehrer der Rechtschaffenheit« überhaupt nicht die Rede, nicht einmal von Hinrichtung: »Entweder hat Allegro die vorliegenden Texte falsch übersetzt oder er hat eine Kette von Vermutungen aufgestellt, die aus seinem Material nicht zu belegen sind«, hieß es in einer Erklärung, die seine fünf Kollegen, die mit ihm im »Rollensaal« in Jerusalem an der Inter-

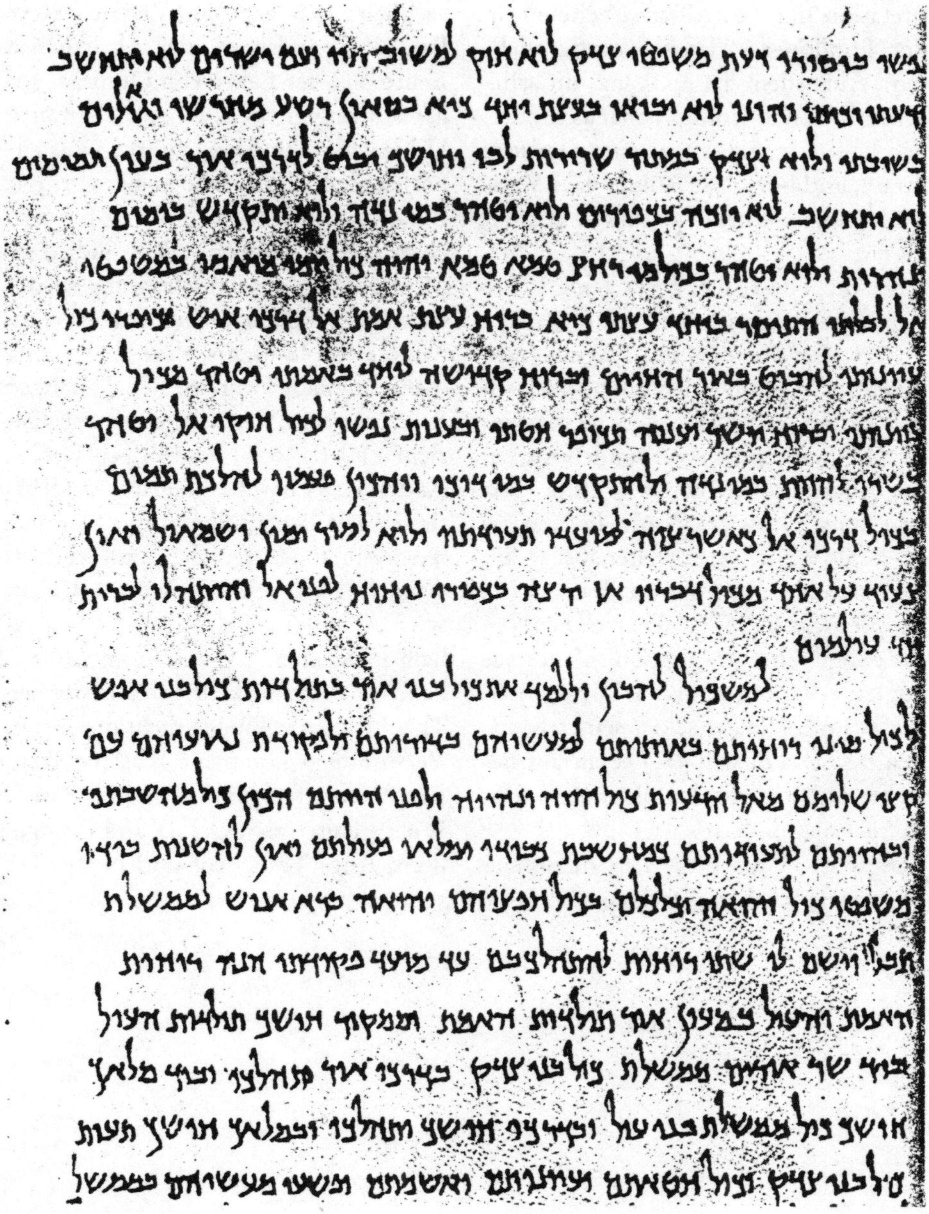

In Qumran gefundener Taufspruch für die Mitglieder der Qumran-Sekte

pretation der Textrollen arbeiteten, in der Londoner »Times« veröffentlichten. Außerdem ist es ganz unwahrscheinlich, daß König Jannaeus kreuzigen ließ; Kreuzigen war eine römische Strafe, und bevor die Römer nach Palästina kamen, wurde dort nicht gekreuzigt.

Aber die These, daß Jesus seine Lehre von den Qumran-Sektierern (die möglicherweise mit den bei Flavius Josephus und Tacitus erwähnten Essenern gleichzusetzen sind oder wenigstens mit ihnen irgendwie verbunden waren) nur übernommen haben könnte oder von ihnen inspiriert wurde, lief um die Welt. Sie wurde sogar weiter ausgebaut, von anderen, indem zum Beispiel behauptet wurde, Jesus habe vielleicht sogar einige Jahre in Qumran gelebt (was zugleich die biographische Lücke erklären könnte, die zwischen seiner Kindheit bis etwa in sein 30. Lebensjahr besteht). Doch waren das alles nur voreilige Spekulationen.

Längst ist es um diese Fragen ruhiger geworden, und es wird versucht, sie sachlich zu klären. Ohne Zweifel gibt es Parallelen zwischen der christlichen Lehre und der Lehre von Qumran, sogar Abhängigkeiten. Es gibt aber auch Unterschiede und Gegensätze. Was zunächst bleibt, ist dies (so heißt es in »Die Bibel und ihre Welt«): »Man hat sich gezwungen gesehen, den jüdischen Mutterboden des Christentums wieder ernster zu nehmen, und hat erkannt, daß die von Jesus ausgelöste Bewegung nicht die einzige war, die den damaligen Juden Rettung vor dem künftigen Gericht und Gottes Heil bringen wollte. Andererseits hat die intensive Beschäftigung mit den Qumranschriften auch wiederum die Originalität und Andersartigkeit der christlichen Botschaft schärfer hervortreten lassen. Es ist deshalb nicht zuletzt Qumran zu verdanken, wenn in der heutigen christlichen Theologie zwei Fragen nicht mehr zum Verstummen kommen: Was hat Jesus von Nazareth eigentlich gewollt? und: Wie verhalten sich Gesetz und Evangelium, Altes Testament und Neues Testament zueinander?«

R

wie Rattenfänger: Es waren Aussiedler, die mit ihm zogen

Sie ist allgemein bekannt und hat die Stadt Hameln weltberühmt gemacht, die Sage vom Rattenfänger. Sie soll sich vor siebenhundert Jahren zugetragen haben, nach Darstellung der Brüder Grimm (Sammlung »Deutsche Sagen«) etwa so:

Als sich die Einwohner Hamelns vor Ratten kaum zu bergen wußten, kam ein Fremder in auffallend bunter Kleidung nach Hameln, der den Bürgern anbot, die Stadt von den Ratten zu befreien; als Lohn forderte er 1000 Taler. Die Bürger waren einverstanden. Doch als der Fremde mit seiner silbernen Wunderflöte alle Ratten und Mäuse aus den Häusern gelockt und in der Weser ertränkt hatte, schien den Hamelnern der versprochene Lohn zu hoch, und sie jagten den Mann davon. Er aber kehrte zurück, und diesmal lockte er mit seinem Flötenspiel alle Kinder, 130 waren es, aus den Häusern und zog mit ihnen durch das Ostertor aus der Stadt, und draußen, »bei den Koppen«, verschwand er mit ihnen in einem Hügel. Sie kamen nie wieder.

In dieser Form ist die Rattenfängergeschichte den meisten geläufig, und so wird sie während der Sommermonate an jedem Sonntag in Hameln nachgespielt, als Attraktion für Touristen. Weniger bekannt aber ist ihr historischer Kern.

Schon lange vor den Brüdern Grimm wurde die Geschichte so erzählt, zum Teil mit Varianten. Dabei aber tauchte immer wieder ein Datum auf: der 26. Juni 1284. Zur 650-Jahr-Feier des angeblich für die Hamelner so verhängnisvollen Tags, 1934, kam als einer von mehr als fünfhunderttausend Besuchern der aus dem Sudetengebiet stammende Wolfgang Wann nach Hameln, der in Prag Geschichte studiert hatte. Ihm ging der Rattenfänger nicht mehr aus dem Kopf, und 15 Jahre später legte er – inzwischen Archivar in Würzburg – eine plausible Erklärung vor, für die ihm der Doktor-Titel verliehen wurde.

Etwa gleichzeitig mit ihm hatte der Hamelner Studiendirektor Heinrich Spanuth mit Forschungen über den Rattenfänger begonnen. Auch er brauchte lange, bis er (1951) der philosophischen Fakultät in Göttingen seine Ergebnisse vorlegen konnte, für die er ebenfalls den Doktor-Titel erhielt; da war er 78 Jahre alt und Großvater von 17 Enkeln.

Spanuth und Wann fanden bei ihrem Quellenstudium in einer Lüneburger Handschrift von etwa 1430 die bis dahin älteste Fixierung der Sage. Da wird der

Der Rattenfänger von Hameln – dargestellt von Ludwig Richter

Pfeifer, der die 130 Kinder aus Hameln wegführte, als ein dreißigjähriger, schöner, elegant gekleideter Jüngling bezeichnet. Von Ratten und vom Tod der Kinder aber wird nichts gesagt.

In dieser Urform drang die Sage im

16. Jahrhundert über die Umgebung Hamelns hinaus. Im Raum Augsburg/Basel, dem Verehrungsbereich des heiligen Magnus von Füssen, den man bei Ungeziefer- und Mäuseplagen um Hilfe anrief, wurde dem inzwischen unverständlich gewordenen Auszug der Hamelner Kinder eine kausale Erklärung vorangesetzt: die Erzählung vom geprellten Rattenfänger. Die Entführung der Kinder konnte nun als Strafe verstanden werden, was der nach ausgleichender Gerechtigkeit dürstenden Volksphantasie mehr entsprach.

Bei ersten Deutungsversuchen dachte man an den Kinderkreuzzug von 1212, an ein großes Kindersterben infolge einer Seuche, an einen Zug von Veitstänzern. Inzwischen gibt es hunderte von Arbeiten über den Rattenfänger. Alle Deutungsversuche aber hatten das mittelhochdeutsche Wort ›kint‹ einfach mit unserem ›Kind‹ gleichgesetzt. Der mittelhochdeutsche Begriff kann aber auch ›Jüngling‹, ›Jungmann‹, ›Jungfrau‹ bedeuten. Also konnten es junge Leute gewesen sein, die aus Hameln weggeführt worden waren. Und nun meinte man, es seien junge Männer gewesen, die an der Schlacht von Sedemünde teilnahmen und dort gefallen seien. Und der buntgekleidete ›Rattenfänger‹ sei ihr Hauptmann gewesen. Aber die Schlacht von Sedemünde war nicht 1284, sondern 1260.

In der frühesten Fassung ist nicht von »bunter«, sondern von »eleganter« Kleidung die Rede. Von da schlossen Spanuth und Wann auf einen Adligen. Sie fanden schließlich heraus, daß der Pfeifer ein Werber war, der junge Leute suchte, die im Osten siedeln wollten. Am Johannistage wurde der Kolonistenzug auf dem Neuen Markt von Hameln zusammengestellt und zog dann unter Führung des Pfeifers zum Osttor hinaus, von Freunden und Verwandten noch ein Stück auf der Straße nach Hildesheim begleitet, bis er den Zurückbleibenden hinter dem Koppenhügel aus den Augen schwand.

Das Ziel sei Mähren gewesen, das der Olmützer Bischof, Graf Bruno von Schaumburg, und sein Nachfolger mit niederdeutschen Siedlern besetzten. Sie holten etwa 25000 Siedler aus dem Reich. Viele von ihnen hatten Namen, die aus der Hamelner Gegend stammten, wohin Bischof Bruno persönliche Verbindungen hatte und wo damals Raumnot herrschte. Gegen Ende des 13. Jahrhunderts entstand bei Brünn ein Dorf das später ›Hamlingow‹ hieß. Das ist die slawisierte Form für ›Hamlingen‹, das seinerseits auf ›Hamelin‹ (Hameln) zurückweist.

Andere meinen, die Hamelner seien nach Pommern gezogen. Sicher aber ist, daß es sich um Aussiedler handelte. Und dies war eigentlich schon bei den Brüdern Grimm angedeutet: »Einige sagen, die Kinder wären in eine Höhle geführt worden und in Siebenbürgen wieder herausgekommen.«

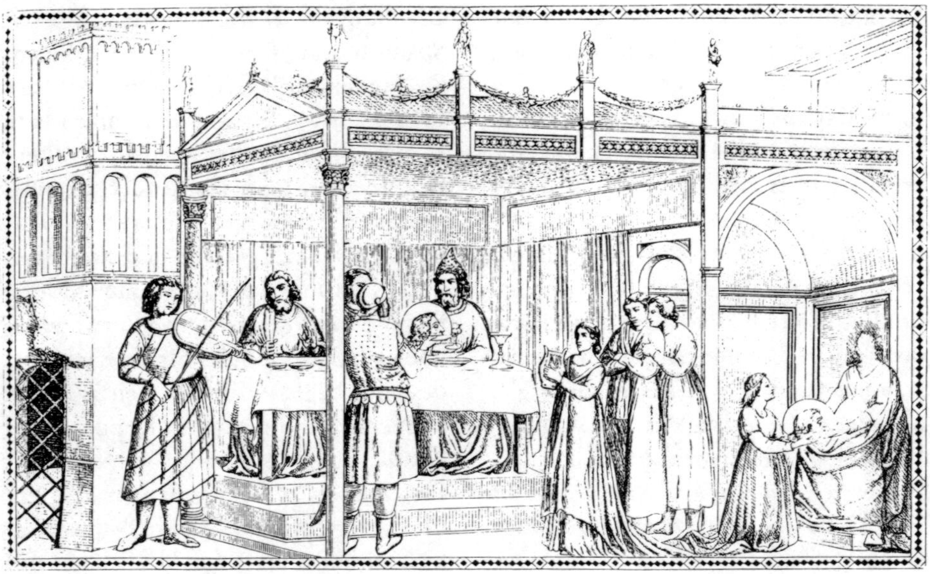

Ein häufig behandeltes Thema war in der Kunst Jahrhunderte hindurch die Geschichte vom Tanz der Salome, der mit dem Kopf des Täufers belohnt wurde

S

wie Salome: In der Bibel bleibt ihr Name ungenannt

Zu den bekanntesten Frauengestalten des Neuen Testaments gehört jene Salome, die als Belohnung für ihren Tanz von Herodes Antipas das Haupt Johannes des Täufers forderte. So wird es jedenfalls in den Evangelien des Matthäus (14, 3–12) und Markus (6, 17–29) dargestellt. Bei Johannes wird die Geschichte nicht erwähnt. Auch bei Lukas kommt Salome nicht vor; da heißt es lediglich, daß der Tetrarch, der Vierfürst Herodes unruhig wurde, als er hörte, daß manche Leute meinten, Jesus sei der von den Toten auferstandene Johannes, den er, Herodes, hatte enthaupten lassen.

Die Enthauptung Johannes des Täufers wurde in der Kunst zu einem beliebten Motiv, und zwar sowohl in der Malerei als auch in der Dichtung, vor allem für Theater und Oper. Das ist nicht zuletzt auf die zu allen Zeiten gängige Verbindung von Sex und Crime zurückzuführen, wie sie in dieser Geschichte um Herodias, Herodes Antipas und Salome, bei der Johannes geopfert wird, besonders raffiniert gegeben ist.

Der in Tiberias über Galiläa regierende Herodes Antipas, ein Sohn Herodes des Großen, hatte Herodias zur Frau genommen, die aber die Frau seines Bruders Philippus war. Nach Matthäus und Markus soll Johannes der Täufer den Herrscher kritisiert haben: »Es ist nicht recht, daß du deines Bruders Frau hast.« Deswegen soll Herodes Antipas den Täufer ins Gefängnis gesteckt haben. Bei Markus (und ähnlich bei Matthäus) heißt es nun weiter:

»Herodias aber stellte ihm nach und wollte ihn töten und konnte nicht. Denn Herodes fürchtete den Johannes, weil er wußte, daß er ein frommer und heiliger Mann war, und verehrte ihn; und wenn er ihn gehört hatte, ward er sehr unruhig; und doch hörte er ihn gerne. – Und es kam ein gelegener Tag, da Herodes an seinem Geburtstag ein Mahl gab seinen Großen und den Obersten und Vornehmsten in Galiläa. Da trat herein die Tochter der Herodias und tanzte und gefiel wohl dem Herodes und denen, die am Tische saßen. Da sprach der König zu dem Mädchen: Bitte von mir, was Du willst, ich will's Dir geben. Und er schwur ihr einen Eid: ›Was du willst von mir bitten, will ich dir geben bis an die Hälfte meines Königreichs.‹ Und sie ging hinaus und sprach zu ihrer Mutter: Was soll ich bitten? Die sprach: Das Haupt Johannes des Täufers. Und sie ging alsbald hinein mit Eile zum König, bat und sprach: Ich will, daß du mir gebest jetzt

Jesu Taufe im Jordan durch Johannes den Täufer

zur Stunde auf einer Schüssel das Haupt Johannes des Täufers. Und der König ward sehr betrübt; doch um des Eides willen und derer, die am Tische saßen, wollte er sie nicht lassen eine Fehlbitte tun. Und alsbald schickte der König den Henker hin und hieß sein Haupt herbringen. Der ging hin und enthauptete ihn im Gefängnis und trug her sein Haupt auf einer Schüssel und gab's dem Mädchen, und das Mädchen gab's seiner Mutter...«

Weder bei Markus noch bei Matthäus wird der Name des Mädchens genannt. Er kommt also in der Bibel nicht vor. Daß es Salome war, wird erschlossen. Aus historischen Quellen ist bekannt, daß Herodias eine Tochter dieses Namens hatte. Übrigens wird der Name (in Anlehnung an den Namen des Königs Salomo) fast immer falsch ausgesprochen, mit Betonung der ersten Silbe; richtig ist allein die Betonung der zweiten Silbe: Sa*lo*me.

Den Köpfen von Malern, Dichtern, Musikern und Regisseuren (nicht denen der Evangelisten) entstammt die Vorstellung, Salome habe vor ihrem Stiefvater einen Schleiertanz oder gar einen Nackttanz aufgeführt. In seinem Buch »Was wirklich in der Bibel steht« (1980) behauptet auch M. Barthel, Salome »tanzte den berühmten Tanz der sieben Schleier«, ohne indessen zu verraten, woher er das weiß. In Wahrheit ist diese ganze Geschichte mit der tanzenden Tochter der Herodias nichts als eine dichterische Erfindung. Wie es sich wirklich zugetragen haben mag, schrieb der jüdische Historiker Flavius Josephus in seinen »Jüdischen Altertümern« (im 1. Jahrhundert n. Chr.):

»Den Johannes hatte Herodes hinrichten lassen, obwohl er ein edler Mann war, der die Juden anhielt, nach Vollkommenheit zu streben, indem er sie ermahnte, Gerechtigkeit gegeneinander und Frömmigkeit gegen Gott zu üben und so zur Taufe zu kommen. Dann werde, verkündete er, die Taufe Gott angenehm sein, weil sie dieselbe nur zur Heiligung des Leibes, nicht aber zur Sühne für ihre Sünden anwendeten; die Seele sei ja dann schon vorher durch ein gerechtes Leben entsündigt. Da nun infolge der wunderbaren Anziehungskraft solcher Reden eine gewaltige Menschenmenge zu Johannes strömte, fürchtete Herodes, das Ansehen des Mannes, dessen Rat allgemein befolgt zu werden schien, möchte das Volk zum Aufruhr treiben, und hielt es daher für besser, ihn rechtzeitig aus dem Wege zu räumen... Auf diesen Verdacht hin ließ also Herodes den Johannes in Ketten legen, nach der Festung Machaerus bringen... und dort hinrichten.«

Diese politische Begründung der Hinrichtung Johannes des Täufers ist zwar nüchterner als die Geschichte vom Tanz der Salome, aber sie ist sehr viel wahrscheinlicher. Unzweifelhaft fest steht, daß die Hinrichtung durch Herodes Antipas erfolgte, nicht aber – wie oft behauptet – durch Herodes den Großen.

Schon früh diente Turnen vor allem der militärischen Ertüchtigung

S wie Sport: Seit Turnvater Jahn viel Unheil durch ein verfälschtes Zitat

Von einem Fernseh-Reporter befragt, warum er Sport treibe, berief sich kürzlich König Juan Carlos auf das allgemein bekannte und oft bemühte antike Zitat (das schon viel Unheil angerichtet hat): Weil – so der König wörtlich – nur in einem gesunden Körper ein gesunder Geist stecken kann.

Die lateinische Version dieses berühmten Ausspruchs, der von dem römischen Dichter Juvenal stammt (etwa 60 bis 140 n. Chr.) wird meistens so wiedergegeben: »Mens sana in corpore sano«, lapidar übersetzt mit: »Eine gesunde Seele in gesundem Körper.« Beides ist falsch, die Übersetzung und schon das lateinische Zitat, das auf entstellende Weise verkürzt ist. Ungekürzt heißt der Satz bei Juvenal (in seinen Satiren X, 356): »Orandum est ut sit mens sana in corpore sano«, womit Juvenal etwas ganz anderes meinte als das, was Turn- und Sportfanatiker später daraus gemacht haben, nämlich dies: »Es wäre zu wünschen, daß in einem gesunden Körper ein gesunder Geist steckte.«

Aber nicht dieser Gedanke, sondern nur die völlig verfälschende Kürzung »Ein gesunder Geist in einem gesunden Körper« war es, was vor allem im Deutschland des 19. Jahrhunderts und dann in Hitlers Drittem Reich für erstrebenswert und schließlich unerläßlich gehalten wurde. Die verstümmelnde Fehlinterpretation entsprach genau der Ideologie der von Friedrich Ludwig Jahn (1778–1852) entwickelten Turnkunst unter dem Wahlspruch »Frisch, fromm, froh, frei« (nach einem Studentenspruch aus dem 16. Jahrhundert).

Im Turnen sah Jahn die Möglichkeit, die physische und moralische Kraft des deutschen Volkes gegen die Napoleonische Herrschaft zu stärken. 1811 richtete er in der Berliner Hasenheide den ersten Turnplatz ein, und im Zeichen der nationalen Wiedererweckung fand der ›Turnvater‹ rasch Anhänger. Als es zur Erhebung Preußens gegen Napoleon kam, schlossen sich zahlreiche Turner den preußischen Freiwilligenverbänden an; Jahn selber übernahm im Freikorps Lützow die Führung eines Bataillons.

Die beabsichtigte Verbindung von Turnen und Militärdienst, die das Turnen zu einer vormilitärischen Ausbildung machte, zeigte sich auch später, nachdem das Turnen an den Schulen eingeführt worden war, zum Kummer vieler Schüler. Nur mit Unbehagen dachte der alte Bismarck an den Turnunterricht zurück, den er als Sechs- bis Zwölfjähriger in der »Plamannschen Lehranstalt« in Berlin über sich ergehen lassen mußte: »Mit der Turnerei und Jahnschen Reminiszenzen trieb man ein gespreiztes Wesen, das mich anwiderte«, schrieb er in »Gedanken und Erinnerungen«. Und einige Jahrzehnte später erinnerte sich Thomas Mann: »Wir Jungen hatten in unerfreulichen Turnhallen das Geräteturnen zu üben, das aus der Zeit des Vaters Jahn und der Jugendertüchtigung zum Kriege gegen

Napoleon überkommen war. Wir taten es allenfalls in Hemdsärmeln, aber, unglaublicherweise, mit steifem Kragen und möglicherweise mit gestärkter Hemdbrust unter der Aufsicht eines Turnlehrers mit rotem Bart, einem Zwicker und versoffener Kommandostimme.«

Was zu Thomas Manns Gymnasialzeit noch ulkig schien, wurde im Dritten Reich bitterer Ernst. Schon 1927 hatte Hitler im zweiten Band von »Mein Kampf« geschrieben: »In der Masse genommen wird sich ein gesunder, kraftvoller Geist auch nur in einem gesunden und kraftvollen Körper finden. Die Tatsache, daß Genies manches Mal körperlich wenig gutgebildete, ja sogar kranke Wesen sind, hat nichts dagegen zu sagen. Hier handelt es sich um Ausnahmen, die – wie überall – die Regel nur bestätigen.«

Und dann skizzierte Hitler sein völkisches Programm der Zukunft: »Der völkische Staat hat ... seine gesamte Erziehungsarbeit in erster Linie nicht auf das Einpumpen bloßen Wissens einzustellen, sondern auf das Heranzüchten kerngesunder Körper. Erst in zweiter Linie kommt dann die Ausbildung der geistigen Fähigkeiten ... Der völkische Staat muß ... von der Voraussetzung ausgehen, daß ein zwar wissenschaftlich wenig gebildeter, aber körperlich gesunder Mensch mit gutem, festem Charakter, erfüllt von Entschlußfreudigkeit und Willenskraft, für die Volksgemeinschaft wertvoller ist als ein geistreicher Schwächling.« – Da deutete sich bereits jener verhängnisvolle Schluß an, daß in einem kranken Körper niemals ein gesunder Geist sein könne – eine »völkische Erkenntnis«, die im nationalsozialistischen Reich grausame Kon-

sequenzen hatte, nämlich die Ausmerzung des damals sogenannten »unwerten Lebens«.

Der Satiriker Juvenal, der stets den geistigen Verfall im Rom seiner Zeit beklagte, hatte all das nicht gemeint. Sein Ausspruch impliziert ja im Gegensatz zu der verfälschenden Kürzung die Frage, ob denn wohl jene, die immer nur auf körperliche Ertüchtigung bedacht sind, überhaupt Geist besitzen. Nochmals: »Es wäre zu wünschen, daß in einem gesunden Körper ein gesunder Geist steckte.« Juvenal scheint gefürchtet zu haben, daß eben dies normalerweise nicht der Fall sei. Und es ist gut vorstellbar, daß ihm dieser Gedanke just beim Anblick gut gebauter und körperlich durchtrainierter, aber geistig unbedarfter Athleten kam.

Ludwig Jahn

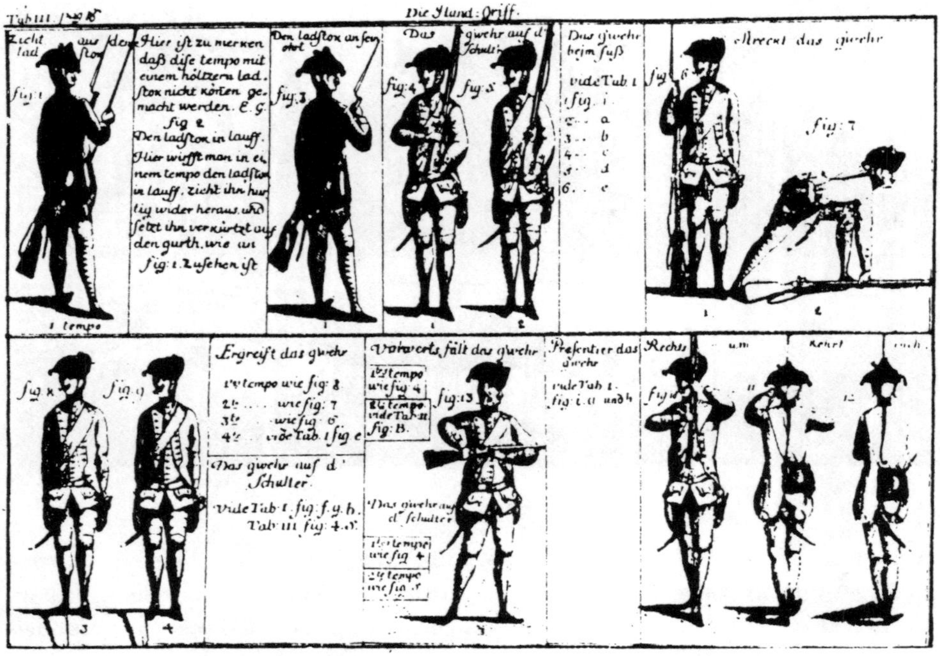

Nach preußischen Exerzierregeln bildet Steuben die amerikanischen Freiheitskämpfer aus. »Die Handgriff«-Schautafel aus: J. G. Müller, Der Wohl Exercirte Preuszische Soldat, 1759

St

wie Steuben: Weder Baron noch preußischer General

Zu Recht waren die Amerikaner stolz auf ihren General Steuben, der von George Washington für die Revolutionsarmee zum Truppeninstrukteur eingesetzt wurde. Und viele sind ja – ebenfalls zu Recht – noch immer stolz auf ihn, nicht nur am Tag der Steuben-Parade. Steuben brachte den unerfahrenen amerikanischen Freiheitskämpfern, meist einfachen Farmern, die notwendigsten militärischen Regeln und taktischen Grundbegriffe für ihren Krieg gegen die Briten bei, militärische Regeln, von denen auch George Washington, der einige Jahre als Milizoberst gegen Indianer und Franzosen gekämpft hatte und 1775 zum Befehlshaber der amerikanischen Revolutionstruppen ernannt worden war, wenig Ahnung hatte.

Auch viele Deutsche waren stolz auf Steuben, vor allem in Preußen. Denn dieser »Heros zweier Welten«, wie Kaiser Wilhelm II. ihn am 2. September 1911 in Potsdam bei der Enthüllung einer Steuben-Statue nannte, die der amerikanische Kongreß zum Sedan-Gedenktag stiftete, hatte den amerikanischen Kolonisten zur Freiheit verholfen, mit preußischer Disziplin. In der Brockhaus-Enzyklopädie (Bd. 18 von 1973) heißt es, Friedrich Wilhelm von Steuben habe das »mit preußischer Generalstabserfahrung« getan, was zumindest jene nicht überrascht, die im »Großen Ploetz« (Auszug aus der Geschichte, 1968) den Baron von Steuben als »früheren Adjutanten Friedrichs des Großen« kennengelernt haben.

»Des großen Friedrich Adjutant« hieß ein historischer Roman von A. E. Brachvogel, der alle Fehler des 1858 in Berlin erschienenen »Leben des amerikanischen Generals von Steuben« von Friedrich Kapp übernahm. Vor mehr als einem halben Jahrhundert wurden diese Fehler aufgedeckt, von dem Jenaer Historiker Hermann Stöbe (im Jahrbuch der Historischen Kommission für die Provinz Sachsen und für Anhalt, 1931), und längst hat auch »Der Treppenwitz der Weltgeschichte« sie angeprangert:

In Wahrheit war Steuben weder Friedrichs Adjutant noch – wie ebenfalls oft behauptet – sein »intimer Freund«. Er gehörte nie dem preußischen Generalstab an (der überhaupt erst nach dem Siebenjährigen Krieg eingerichtet wurde). Er war nie preußischer General; zwar hat er am Siebenjährigen Krieg als Offizier teilgenommen, wurde aber bei Kriegsende im Rang eines Kapitäns entlassen. Er ist auch nicht mit dem Pour le mérite oder einem anderen hohen preu-

ßischen Orden ausgezeichnet worden. Steuben war kein Baron, er war überhaupt nicht von Adel; mit der adligen Familie von Steuben war er nicht verwandt, er hieß eigentlich Steube.
Den adligen Namen von Steuben hat aber nicht er sich zugelegt. Diesen entscheidenden Schritt hatte schon sein Großvater gewagt, der Pfarrer Augustin Steube, der eine Pfarrstelle in der Nähe von Heidelberg hatte und mit einer Reichsgräfin Charlotte Dorothee von Effern verheiratet war. Wegen eines Seitensprungs war ihm die Pfarrstelle entzogen worden. Er mußte sogar eine Gefängnisstrafe absitzen, und es wurde ihm eine Kirchenbuße auferlegt. Doch erhielt er in der Neumark eine neue Pfarrstelle, wohl durch gute Beziehungen seiner Frau, und dann wurde er in Brandenburg Oberprediger. Da verfaßte er reformatorische Schriften und ließ sie drucken, wobei er seinen Namen, der in den Akten des Konsistoriums unverändert bürgerlich blieb, auf den Titelblättern in Augustinus von Steuben verwandelte.
Dieser Augustinus von Steuben legte sich nun eine Ahnentafel an, auf der er auch seinen Vorfahren adelig klingende Namen gab. Sein Großvater, der im Werratal eine Mühle und eine Schenke betrieben hatte, erschien da als »Herr Niklas auf Gerbstädt«, dessen Frau Henriette, geborene Francke, hieß nun »Henriette von Franken aus dem Hause Ens«. Ihr Sohn Ludwig, also sein Vater, der ein Rittergut gepachtet hatte, wurde

Friedrich Wilhelm v. Steuben

zum »Herrn auf Gerbstädt und Ens«. Und zugleich wurde eine Verbindung mit der adligen Familie von Steuben in der Grafschaft Mansfeld angedeutet. Während sich der Pfarrer aber nur auf seinen Schriften »von Steuben« nannte, so als könne der Name ein Pseudonym sein, gingen seine Söhne schon mit diesem Namen und dem »Baron« davor in die Welt hinaus. Der »Baron Wilhelm Augustin von Steuben« heiratete die wirklich adlige Justine von Jagow, und aus dieser Ehe kam der Baron Friedrich Wilhelm von Steuben, geboren am

15. November 1730 in Magdeburg, der dann preußischer Offizier wurde.

Nach seiner Entlassung aus der preußischen Armee nahm Steuben – inzwischen 33 Jahre alt und noch unverheiratet (was er sein Leben lang blieb) – die Stelle eines Hofmarschalls bei dem Fürsten von Hohenzollern-Hechingen an. Eine Zeit lang lebte er in Paris. Dort traf er einen Freund, der ihn überredete, sein Glück in der Neuen Welt zu suchen. Es war im Jahr 1777, als Steuben nach Amerika kam und in den Dienst der Kolonialarmee trat. Rasch gewann er das Vertrauen George Washingtons; er erhielt Truppenkommandos und wurde bald, wie schon gesagt, zum Truppeninstrukteur der ganzen Armee ernannt (im Rang eines Generals). Seine Verdienste im Amerikanischen Freiheitskrieg sind unbestritten. Steuben starb im Alter von 64 Jahren auf dem nach ihm benannten Besitz bei New York, wo er die Jahre nach dem Krieg verbracht hatte, am 28. November 1794.

König Friedrich Wilhelm

T

wie Tabakskollegium: Rauchen zum besseren Lesen der Zeitungen

Vom »Soldatenkönig«, Friedrich Wilhelm I. von Preußen, dem Vater des großen Friedrich, haben sich im allgemeinen Bewußtsein vor allem Narreteien erhalten. Zum Beispiel des Königs übertriebene Leidenschaft für die Langen Kerls. Oder seine angeblich so aberwitzigen Erziehungsmethoden: »Lieben sollt ihr mich, Kanaillen!« soll er seinen Landeskindern zugerufen haben, während er sie mit dem Stock traktieren ließ. Oder sein Jähzorn, der ihn auch die eigene Familie tyrannisieren, die Kinder brutal prügeln und ihnen – wie Tochter Wilhelmine in ihren verlogenen Memoiren behauptete – ins Essen speien ließ. Oder seine Freßsucht, die er aber nur mit Hammelfleisch und Kohl zu befriedigen wußte (weil es ihm eben in jeder Beziehung an gutem Geschmack gefehlt habe). Und nicht zuletzt – wovon hier die Rede sein soll – sein berühmtes Tabakskollegium, in dem er seine Gäste gezwungen habe, mit ihm maßlos zu rauchen und zu trinken, Abend für Abend bis tief in die Nacht oder gar in den Morgen hinein – immer nur zu seinem eigenen Amüsement.

Vor allem in Biographien des ruhmvollen Sohnes, die den Vater nur allzu gern als tyrannischen Narren zeigten, wird das Tabakskollegium als eine Arena für die groben Possen des Königs und seiner ungebildeten Offiziersfreunde geschildert. Da wurden – heißt es – Stühle angesägt, damit Ehrengäste mit ihnen zusammenbrachen; da machte der König aus lauter Schabernack Leute sinnlos betrunken. Und vor allem habe er seinen Sohn Fritz gequält, indem er den ohnehin durch zu hartes Exerzieren körperlich überforderten Knaben zu den Pfeifenrauchern befahl, obwohl Fritzchen den Qualm nicht ausstehen mochte. Einen »Hasenfuß« habe Friedrich Wilhelm seinen Sohn geschimpft, der »an männlichen Vergnügungen keinen Geschmack« finde (während Fritz erzählte, die Kollegiumsteilnehmer husteten in ihrem eigenen Qualm ›wie eine Herde von Märzschafen‹).

Dies und das mag wirklich vorgekommen sein, denn freilich wurde da geraucht und getrunken, aber in Wahrheit war das Tabakskollegium eine für damalige Verhältnisse, im Zeitalter des Absolutismus, einzigartige und höchst fortschrittliche Einrichtung. Worum es Friedrich Wilhelm dabei eigentlich ging (und was noch heute ausgesprochen modern anmutet), war die tägliche Presseschau. Am späten Nachmittag zwischen 5 und 6 (nur sonntags nie)

Friedrich Wilhelms Tabakskollegium (mit dem Kronprinzen Friedrich und seinem Bruder). Friedrich mochte am Kollegium nicht teilnehmen

setzte sich der König – ganz gleich, ob er sich in Berlin, in Potsdam oder während des Sommers in Wusterhausen aufhielt – mit ein paar Generälen und Obersten, mit Ministern und einigen der ausländischen Gesandten ganz unförmlich in einer der nur sparsam möblierten Tabakstuben zusammen, um gemeinsam Zeitungen zu lesen, beziehungsweise sich aus Zeitungen vorlesen zu lassen und dann darüber zu diskutieren.

Vorleser oder vielmehr Referierender, zugleich Übersetzer und Erläuterer, eine Art Pressechef also, war der hochgelehrte, hochgepriesene und allerdings vom König auch vielgefoppte Professor Freiherr Jakob Paul v. Gundling, Geheimer Rat, Oberzeremonienmeister, seit 1718 (als Nachfolger von Leibniz) Präsident der Akademie der Wissenschaften, außerdem noch königlicher Historiograph und schließlich Kammerherr. Besonders in seiner Eigenschaft als Pressereferent war Gundling, der den König fast ständig begleitete und ihm oft auch schon mittags während des Essens aus Zeitungen vorlesen mußte, ein wichtiger Mann. Graf Sekkendorff, der kaiserliche Gesandte am preußischen Hof, der (obwohl Nichtraucher) fast ständig am Tabakskollegium teilnahm (weil er da gut informiert wurde), schrieb nach Wien an den Prinzen Eugen, dem Geheimen Rat Gundling werde »geglaubet als einem Orakel in publicis«, und deswegen schlug Sekkendorff der Wiener Regierung vor, den preußischen Pressereferenten mit einer kaiserlichen Medaille und (vor allem) mit »etlichen hundert Gulden« auszuzeichnen, ihn also zu korrumpieren, was Eugen dann sogleich in die Wege leitete (→ Preußen).

Die für das Tabakskollegium gehaltenen Zeitungen waren die Berliner, die Hamburger, die Leipziger, die Breslauer, die Wiener, die Frankfurter Blätter, außerdem noch französische und holländische. Friedrich Wilhelm war überzeugt, daß der Genuß von Tabak die Konzentrationsfähigkeit verbessere und folglich ein leichteres Verständnis der vorgetragenen Artikel bewirke. Diese tägliche Pressebesprechung, während der sich die Teilnehmer an einer Art kalten Büfetts mit Brot und aufgeschnittenem Braten sowie Ducksteiner Bier selbst versorgen konnten

Jakob Paul v. Gundling

(auf Bedienung wurde verzichtet), ging meistens bis 9 Uhr, manchmal aber auch bis Mitternacht. Jeder Teilnehmer, zu denen oft auch auswärtige Besucher zählten, durfte in diesem Kreis frei seine Meinung sagen.

Der Tempel von Jerusalem. Nach einem Modell

T wie Tempel: Nicht nur Heiligtümer, sondern zugleich Kreditinstitute

Wenn von Tempeln die Rede ist, von ägyptischen, vor allem von griechischen und römischen – in Kunst- und Baugeschichten, in archäologischen Darstellungen, in Reiseführern –, dann geht es fast immer nur um sehr hohe und hehre Dinge, um Göttinnen und Götter und die ihnen dargebrachten Opfer und Kultdienste, und um Prozessionen und andere heilige Vorgänge. Da ist von Priestern und Tempeldienerinnen die Rede, manchmal von geheimnisvollen Dämpfen, aus denen Seher und Seherinnen die Absichten der Götter deuteten, oder von heilkräftigen Quellen. Und natürlich werden immer auch die künstlerischen Aspekte beschrieben, die Art der Säulen, die Tempeltypen, ihre Grund- und Aufrisse, ihre Maße und Proportionen und tausend andere Details.

Nur von einem ist so gut wie nie die Rede (und deswegen ist es auch so wenig bekannt), obwohl es für das Verständnis der Tempelbauten und ihrer Funktionen, überhaupt für die ganze Geschichte von großer Wichtigkeit ist: nämlich, daß die Tempel nicht nur Heiligtümer waren, sondern zugleich Schatzkammern, Kreditinstitute und Depositenbanken. Und dies gilt nicht nur für den Tempel in Jerusalem, wo – wie aus dem Neuen Testament bekannt – Jesus sich mit Geldwechslern angelegt hat. Es gilt ebenso für ägyptische, griechische, römische.

So unterschiedlich ihre religiösen Kulte und die Organisationen ihrer Priesterschaften immer gewesen sein mögen, eins galt für die meisten Tempel und ihre Verwaltungen: Sie existierten von Einnahmen. Die Einnahmen bestanden aus Opfern, Spenden, Geschenken, in besonderen Steuern und Abgaben. Was da an Werten zusammenkam, wurde nicht alles aufgestellt und bewahrt, sondern wenn möglich in Geld umgewandelt. Viele Tempel besaßen Land, das sie verpachteten. Einige hatten das Recht, Münzen zu prägen.

Das eingenommene Geld wurde nur zum Teil in Schatzkammern gehortet. Vor allem wurde damit gearbeitet, damit es Gewinn brachte. Es wurde ausgeliehen, gegen Zinsen. Von einigen großen Tempeln sind die Zinssätze bekannt, die für Kredite und Hypotheken bezahlt werden mußten. Zum Beispiel nahm der delische Tempel in der Zeit vom 5. bis ins 2. Jahrhundert (v. Chr.) zehn Prozent per anno, festgeschrieben auf fünf Jahre. Das galt als äußerst günstig; Banken gaben zur selben Zeit für Festgeld zehn Prozent und nahmen für Kredite 18 Prozent und mehr. Auch die Tempel in Delphi und Olympia gaben Kredite, an Städte, Staaten, Gemeinden; überliefert ist, daß sie Geld für Krieg und für den militärischen Flottenbau liehen. Das Heiligtum Olympia mit dem gewaltigen Zeus-Tempel (und dem größten Zeus-Kultbild, das die Griechen je aufstellten), heute fast ein Synonym für Frieden, nahm seine Schätze vor allem durch Kriege ein. Es erhielt aus allen Kriegen, an denen

Poseidontempel zu Paestum

Griechen beteiligt waren, zehn Prozent der von den Griechen gemachten Kriegsbeute.

Wenn der attische Staat »bei seinen Göttern lieh« – so wurde eine Kreditaufnahme umschrieben –, dann geschah das meistens zu besonders niedrigen Zinssätzen. Etwa zu sechs Prozent, und wenn es für einen lebensnotwendigen Krieg geschah, sogar nur zu 1,2 Prozent. So war es 426/422, während des Peloponnesischen Krieges. Diese Zinssätze entsprachen der Hälfte beziehungsweise einem Zehntel des normalen Zinssatzes.

Recht günstige Zinssätze sind von dem berühmten Tempel der Artemis zu Ephesos überliefert, nämlich 7½ bis 8½ Prozent. Der Artemis-Tempel zu Ephesos (im griechischen Kleinasien) war nicht nur einer der größten Tempel – er zählte zu den Sieben Weltwundern –, er war einer der reichsten. Er war – so H. Schröder: »Jesus und das Geld. Wirtschaftskommentar zum Neuen Testament«, 1979 – »wegen seiner Handelsverbindungen mit dem Morgen- und Abendland zu einem Geldumschlagplatz geworden und eignete sich vorzüglich für Städte und Könige, um deren bare Vorräte dort niederzulegen«. Das heißt, der Artemis-Tempel war im Depositengeschäft besonders beliebt und erfolgreich.

Aber auch andere Tempel dienten als Depositenbanken. Nirgendwo sonst konnten Geld und wertvolle Schätze so sicher verwahrt werden wie in den als unantastbar geltenden großen Heiligtümern. Auch Staats- und Städtekassen wurden meistens in den Tempeln deponiert. Privates Vermögen wurde manchmal auch ausländischen Tempeln anvertraut. Von dem athenischen Staatsmann Kleisthenes, der 507 v. Chr. die Verfassung reformierte, ist bekannt, daß er die Mitgift für seine Töchter dem Tempel der Juno zu Samos zur Aufbewahrung gab, weil er es in Athen (aus persönlichen Gründen) nicht für sicher hielt.

Das vielleicht reichste Heiligtum der damaligen Welt war der Tempel zu Jerusalem. Außer den Einkünften aus sehr viel verpachtetem Land erwuchs sein Reichtum vor allem aus der Tempelsteuer, die jeder erwachsene Jude in der ganzen Welt alljährlich zahlen mußte. Juden, die nicht persönlich zum Passahfest nach Jerusalem kamen und die Tempelsteuer zahlten, waren dennoch verpflichtet, ihr »Lösegeld« aufzubringen. Dafür gab es in der Diaspora bei allen jüdischen Gemeinden Kassen, die das Geld einzogen. Von da kam es in besonderen Geldtransporten nach Jerusalem, in den Tempel, der eigentlich eine Großbank war. Solche Geldtransporte, die ja aus aller Welt kamen, wurden häufig überfallen. Herodes der Große, Freund des Augustus, erreichte es, daß Augustus sie unter kaiserlichen Schutz stellte. Aber einige Jahrzehnte später eroberte Titus Jerusalem, raubte den Tempel aus, zerstörte ihn und nahm alle Schätze mit nach Rom.

Mariae Verkündigung. – Arbeit des Nürnberger Bildhauers, Holzschnitzers, Kupferstechers und Malers Veit Stoß (um 1445 bis 1533)

U

wie Unbefleckte Empfängnis: Mit Jesus hat sie nichts zu tun

Jedes Mal, wenn der amerikanische Schriftsteller Mark Twain, Autor der Weltbestseller »Die Abenteuer Tom Sawyers« und »Die Abenteuer Huckleberry Finns«, in seinem umfangreichen Werk auf die Unbefleckte Empfängnis zu sprechen kam – was er ziemlich oft tat, um seiner Skepsis Ausdruck zu geben –, dann mißverstand er sie stets als die jungfräuliche Empfängnis, also die Empfängnis Jesu, dessen Zeugung durch den Heiligen Geist. Diesem Mißverständnis begegnet man jedoch nicht nur bei Mark Twain; es kommt häufig vor. In Wahrheit aber hat die Unbefleckte Empfängnis mit Jesus gar nichts zu tun, sondern allein mit Maria. Nach katholischer Glaubenslehre bedeutet sie, daß Maria, die Mutter des Erlösers, durch eine besondere Gnade Gottes im Augenblick ihrer eigenen Empfängnis vor der Erbsünde bewahrt blieb.

Erbsünde ist – ebenfalls nach katholischer Glaubenslehre – die durch den Sündenfall Adams und Evas bewirkte Sündhaftigkeit des ganzen Menschengeschlechts. Sie besteht in dem jedem Menschen angeborenen Mangel an heiligmachender Gnade. Ihre Folgen sind Verlust der leiblichen Unsterblichkeit und Schwächung der natürlichen Fähigkeit zum Guten.

Ausgenommen von der Erbsünde blieb zunächst nur Jesus als Gottesmensch, dann aber auch Maria, seine Mutter, die Himmelskönigin, die Allerseligste Jungfrau, nachdem schon in der alten Kirche eine immer reicher ausgestaltete theologische Würdigung der »Gottesgebärerin« aufgetreten war, eine Würdigung, die im Lauf der Jahrhunderte zu einem umfangreichen, in sich geschlossenen Lehrgebäude ausgebaut wurde, der Mariologie. Obwohl die Mariologie auch theologische Kritik auslöste, weil sie biblisch nicht begründet sei und weil sie den Glauben an die Erlösung durch Jesus allein gefährden könne, wurde die Mariologie in Dogmen fest verankert. Das erste entscheidende Dogma wurde 1854 von Papst Pius IX. verkündet; es war das Dogma von der Unbefleckten Empfängnis. Das zweite Dogma folgte fast ein Jahrhundert später, 1950. Es war das Dogma von Mariae Himmelfahrt.

Pius IX., der das Dogma von der Unbefleckten Empfängnis verkündet hatte, war ein großer Verehrer der Gottesmutter. Er glaubte sogar, daß sie ihm leibhaftig erschienen sei. Und alles, was er auf dem Gebiet der Kirchenpolitik unternahm, geschah in der Überzeugung: »Ich habe die Mutter Gottes auf meiner Seite.« Sein Hauptziel war, die Unfehlbarkeit des Papstes durchzusetzen, und Pius IX. scheute nicht vor der Behauptung zurück, Maria selber habe ihn, als sie ihm erschienen sei, in seinem Unfehlbarkeitsbestreben vergewissert. Nun stieß aber die Ansicht, daß der Papst unfehlbar sei, außerhalb und innerhalb der Kirche auf Kritik und Widerstand. Die Unfehlbarkeit – so ein wesentliches Argument der Kritiker – sei in der Heiligen Schrift nicht begründet. Dagegen argumentierten die Anhänger der Unfehlbarkeitstheorie mit dem Hinweis, die Unbefleckte Empfängnis sei noch viel weniger aus der Heiligen Schrift heraus zu begründen; dennoch war sie zum Dogma geworden. Auf diese Weise half das Dogma von der Unbefleckten Empfängnis der Durchsetzung des Unfehlbarkeitsdogmas. Und noch auf eine andere Weise, mit der Pius IX. selber argumentierte. Pius erklärte ganz offen, im Jahre 1869: »Bin ich denn nicht schon unfehlbar? Habe ich nicht vor einigen Jahren das Dogma von der Unbefleckten Empfängnis der Jungfrau selbständig stabilirt?« In der Tat hatte Pius IX. bei der Dogmatisierung der Unbefleckten Empfängnis am 8. Dezember 1854 faktisch Unfehlbarkeit für sich in Anspruch genommen. Eine Vorausbefragung der Bischöfe hatte zwar eine große Mehrheit der Ja-Stimmen ergeben (nämlich 546), aber immerhin auch 56 ablehnende Voten. Als die Bischöfe dann nach Rom kamen, ließ Pius IX. sie das Thema gar nicht erst diskutieren; er verlangte einfach die Zustimmung zu dem neuen Dogma. Ein Vierteljahrhundert später, auf dem I. Vatikanischen Konzil, 1870, setzte Pius IX. dann auch die Unfehlbarkeit durch.

V

wie Vatikan: Die wichtigsten Ansprüche beruhen auf Fälschung

Wer in Rom den Vatikanspalast bewundert, den Wohnsitz des Papstes bei der Peterskirche, der schon vor drei, vier Jahrhunderten zum größten Palast der Welt ausgebaut wurde, der wird kaum auf den Gedanken kommen können, daß dieser ganzen vatikanischen Herrlichkeit mit dem einstmals riesigen Kirchenstaat und noch dessen heutigem Überbleibsel, dem Vatikanstaat, eine der größten Urkundenfälschungen zugrunde liegt. Die hier sichtbar gemachten, gleichsam in Stein verewigten Ansprüche des römischen Bistums auf das Primat vor allen Bistümern der Welt sind wirklich zu einem großen Teil mit Hilfe jener Fälschung, der sogenannten »Konstantinischen Schenkung«, durchgesetzt worden.

Die Konstantinische Schenkung, die dem Bischof von Rom nicht allein kaiserliche Abzeichen zugesteht, sondern darüber hinaus für jene Zeit – es war das 8. Jahrhundert – geradezu ungeheuerliche Rechte und Besitztümer garantierte (die über den rechtmäßigen Besitz der Kirche weit hinausgingen), ist die wohl berühmteste und folgenreichste mittelalterliche Fälschung. Sie wurde um 750 von der Kurie angefertigt, und sie war eigentlich der Auftakt zu den zahllosen Fälschungen des ganzen Zeitalters. Bis dahin waren Fälschungen im Abendland nicht üblich gewesen. Man kannte sie nur von den Griechen. Über die »Betrügereien der Griechen« hatte sich gerade die Kurie immer sehr abfällig geäußert. Nun aber griff sie selber zu diesem Mittel, und zwar gleich in ganz großem Stil.

Zwar fiel diese erste umfangreiche Fälschung ohne jede Eleganz aus – sie war im Gegenteil überaus plump, so daß sie schon bald durchschaut wurde –, aber sie enthielt gewaltige Ansprüche. Die Kurie hat die in dieser »Urkunde« gegebenen Privilegien mit unglaublicher Zähigkeit immer wieder beansprucht, bis an die Schwelle der Gegenwart und mit Erfolg – obgleich auch sie selbst längst eingestanden hat, daß die Konstantinische Schenkung eine Fälschung war.

Vermutlich wurde sie schon Pippin vorgelegt, dem ersten König des geeinten Frankenreichs und Vater Karls des Großen. Papst Stefan II. hatte Pippin gegen die Langobarden, die von Norditalien immer weiter gegen Rom vorrückten und ihn bedrohten, zu Hilfe gerufen. Und Pippin hatte den Päpsten durch die Pippinische Schenkung 754/56 einige Gebiete, die sie an Byzanz verloren hatten, zurückgeschenkt. Pippin war damals der mächtigste Mann im

Der Vatikanspalast mit den Colonnaden des Petersplatzes

Abendland. Außer dem Frankenreich, das er gerade geeint hatte, und den aggressiven Langobarden waren die Völker Europas zersplittert. Der Kaiser des Römischen Reiches residierte schon lange nicht mehr in Rom, sondern in Byzanz-Konstantinopel. Als erster war Konstantin der Große dorthin übergewechselt. Nach ihm wurde Byzanz, das er zur Hauptstadt des Römischen Reiches machte, Konstantinopel genannt. Konstantin war auch der erste römische Kaiser, der zum Christentum übertrat. Das war im 4. Jahrhundert gewesen. Auf ihn berief man sich in der »Konstantinischen Schenkung«.

Die Fälschung wurde als ein Erlaß Konstantins an Papst Silvester und alle katholischen Bischöfe aufgesetzt. Der Fälscher ließ darin den Kaiser ausführlich schildern, wie er durch Silvester vom Aussatz geheilt und zum christlichen Glauben bekehrt und dann getauft worden sei. Zum Dank habe er die römische Kirche über sein eigenes Kaisertum erhöht und den Bischof von Rom zum Fürsten über alle Bischöfe der Welt und zum Richter in allen Fragen des Glaubens und Gottesdienstes gemacht. Auch habe er der römischen Kirche die Stadt Rom »und alle Provinzen Italiens und der westlichen Lande« als Eigentum überlassen, während er selber, der Kaiser, sich in den Osten des Reiches

und seine neue Hauptstadt Byzanz zurückziehe; »denn es ist nicht recht«, heißt es dann wörtlich, »daß ein irdischer Herrscher dort Gewalt habe, wo vom himmlischen Herrscher der Fürst der Bischöfe und das Haupt der Christenheit eingesetzt ist.«
Trotz der offensichtlichen Plumpheit dieser Fälschung dauerte es doch rund 700 Jahre, bis der Humanist Lorenzo Valla, Domherr am Lateran und päpstlicher Sekretär, sie als Fälschung endgültig entlarvte. Ulrich von Hutten, deutscher Reichsritter und Humanist, ließ Lorenzo Vallas Schrift über die Konstantinische Schenkung im Jahre 1519 drucken. Zu jener Zeit hatte die Fälschung ihre Absicht schon erreicht. Ihr Hauptzweck war die Anerkennung des Bischofs von Rom als »Fürst der Bischöfe« und »Haupt der Christenheit«. Diesen Anspruch hatte die römische Gemeinde für ihren Bischof schon sehr viel früher erhoben. Doch hatten andere Bischöfe den römischen Führungsanspruch zurückgewiesen. Begründet wurde der Anspruch mit der Berufung auf den Apostel Petrus, den ehemaligen Fischer aus Kapernaum, der zu den vertrautesten Jüngern Jesu gehörte. Zu Petrus sagte Jesus (Matthäus 16, 18): »Und ich sage Dir auch: Du bist Petrus, und auf diesen Felsen will ich bauen meine Gemeinde...«
Die Römer behaupteten nun, Petrus sei der erste Bischof von Rom gewesen: fünfundzwanzig Jahre habe er dort gewirkt. Dann sei er, wie Paulus, in Rom den Märtyrertod gestorben. Nachzuweisen war dies nicht. Auch neuzeitliche Grabungen im Petersdom (in den Jahren von 1940 bis 1949) nach dem dort vermuteten Petrusgrab führten nicht zu wirklich eindeutigen Ergebnissen. Zwar wurden die Gebeine eines sechzig bis siebzig Jahre alten Mannes gefunden, dazu purpurne, mit Goldfäden durchwirkte Stoffreste, aber ob es wirklich – wie Paul VI. 1968 erklärte – die Gebeine Petri sind, ist durchaus nicht sicher.
Doch ist das für die »Petrus-Tradition« nicht mehr entscheidend. Denn die auf der Petrus-Tradition gegründeten Ansprüche der Bischöfe von Rom waren mit Hilfe der »Konstantinischen Schenkung« inzwischen schon längst durchgesetzt worden.

Rom in der späteren Kaiserzeit. Nach einem Modell

W

wie Wandalen: Zerstörungswut wird ihnen zu Unrecht nachgesagt

Oft, wenn es um absichtliche, sinnlose Zerstörungen geht, wird der Begriff »Wandalismus« bemüht (seit einiger Zeit mit W, früher mit V geschrieben). »Wandalismus« steht für rohe Zerstörungswut, und das Wort Wandale wird manchmal – aber, wie der Duden hinzufügt, unberechtigterweise – im Sinne von »zerstörungswütiger Mensch« gebraucht. Weit verbreitet ist nun die Ansicht, das Wort Wandalismus hänge den Wandalen, jenem germanischen Volksstamm, der während der Völkerwanderung aus dem Gebiet des späteren Schlesiens und Westpolens durch Europa über Spanien nach Nordafrika zog, seit dem Jahre 455 an, in dem sie unter ihrem König Geiserich die Stadt Rom besetzten und sie plünderten. Und meistens wird diese Ansicht noch mit der Vorstellung verbunden, die Wandalen hätten Rom (oder zumindest sehr vieles dort) in blinder Wut zerstört, vor allem Roms Kunstwerke. Aber beides ist nicht richtig.

Das Wort Wandalismus ist sehr viel jünger. Es entstand gut dreizehn Jahrhunderte nach jener Besetzung Roms durch die Wandalen, nämlich während der französischen Revolution. Am 31. August 1794 gebrauchte es der Bischof von Blois, Henri Grégoire, als Mitglied des Nationalkonvents in einer Rede, in der er die Plünderung der Schlösser und die Zerstörung von Kunstwerken und von Heiligenfiguren und Denkmälern durch Anhänger der Jakobiner und den Pariser Pöbel leidenschaftlich verurteilte. Anknüpfend an die Plünderungen Roms durch die Wandalen bezeichnete Grégoire die Plünderungen und Zerstörungen in Frankreich als »vandalisme«, Wandalismus.

Lange Zeit hat dieses Wort keine besondere Rolle gespielt. Der Historiker Leopold von Ranke nahm es bei seiner Darstellung der wandalischen Plünderung Roms (im 4. Teil seiner Weltgeschichte, 1883) nicht auf. In unserem Jahrhundert aber ist »Wandalismus« eine Art Reizwort. Eben deswegen sollte man wissen, wie das Wort entstand und was die Wandalen 455 in Rom gemacht hatten und wie es dazu überhaupt kommen konnte.

Die Wandalen (etwa 80 000 Menschen) saßen seit fast 25 Jahren in Nordafrika, in der wohl wichtigsten Provinz des weströmischen Reiches, in seiner Kornkammer. Dem Wandalenkönig Geiserich war es gelungen, dort das erste unabhängige Germanenreich auf römischem Boden zu errichten. Im Frieden

von 442 hatte Kaiser Valentinian III. das Wandalenreich als selbständig anerkannt. Daß der Kaiser dies tat und damit die Kornkammer des Reiches und eines der Hauptgebiete der Olivenölerzeugung (→ Öl) und die Stadt Karthago damit faktisch abschrieb, macht deutlich, wie schlecht es zu jener Zeit um das weströmische Reich stand. Von allen Seiten wurde es bedrängt, besonders von Germanen und Hunnen. Um gegen die Hunnen unter Attila bestehen zu können, brauchte Valentinian wenigstens mit den Wandalen Frieden. Neun Jahre später wurde die Hunnengefahr durch den römischen Sieg auf den Katalaunischen Feldern gebannt (451). Aber der Sieger über Attila, der Feldherr Aëtius, der unter Valentinian gut 20 Jahre lang die Regierung geleitet hatte, der »letzte Römer«, wurde jetzt von Valentinian als gefährlicher Nebenbuhler empfunden und deswegen von ihm umgebracht. Dies rächten Freunde des Aëtius, indem sie (am 16. März 455) Kaiser Valentinian ermordeten.
Den Tod Valentinians empfand Geiserich als Ende des Friedensvertrags mit Rom. Überraschend erschien er mit einer Flotte vor der Tibermündung. Das erschreckte Valentinians Nachfolger Maximus so sehr, daß er Roms Senatoren und jedem Römer die Flucht erlaubte und selber zu fliehen versuchte. Hierbei wurde Maximus von eigenen Leuten ermordet. Bei diesem heillosen Durcheinander war es den Wandalen ein leichtes, Rom ohne Kampf zu besetzen, am

Ältere Darstellung von Germanen

2. Juni 455. Nach vierzehn Tagen zogen sie wieder ab.
Anzunehmen, sie hätten in dieser Zeit die Stadt oder wenigstens ihre Befestigungen zerstören können, wäre unsinnig, ist auch damals nicht behauptet worden. Unzweifelhaft aber ist, daß die Wandalen geplündert haben. Das war üblich; auch andere Germanenstämme haben eroberte Städte geplündert, ebenso die Hunnen, später in großem Stil die → Wikinger. Früher waren es die Römer gewesen, die andere ausplünderten, manchmal auch deren Städte zerstörten, etwa in Griechenland und – im Jahre 70 – Jerusalem. Und im Hochmittelalter plünderten Deutsche italienische Städte oder zerstörten sie

sogar, wie 1162 Kaiser Barbarossa das mächtige Mailand.

War also die wandalische Plünderung Roms so besonders rücksichtslos, daß sie sich vor tausenden anderer Plünderungen so lange im Gedächtnis erhielt? Später ist das behauptet worden. Richtig mag sein, daß Geiserichs Männer alles nur irgend Wertvolle zusammenrafften, Gold vor allem, aber selbst noch Kupfernes. Sie deckten das vergoldete Dach des Jupitertempels ab und erbeuteten angeblich auch, was Titus einst aus Jerusalems → Tempel gestohlen hatte (wenn es denn noch vorhanden war). Sie nahmen zahlreiche Statuen vom Forum mit, dazu Tausende Gefangener, sogar die Kaiserin und deren Tochter (die der Wandalenkönig Geiserich mit seinem Sohn Hunerich verheiratete).

Aber das wirklich Besondere dieser Plünderung lag darin, daß es um Rom ging. Zwar war Rom schon 45 Jahre zuvor einmal geplündert worden, von Alarichs Westgoten, aber nur drei Tage lang. Erst die wandalische Plünderung zeigte, was sich geändert hatte: die heimliche Hochachtung, die die Germanen jahrhundertelang der alten Hauptstadt entgegengebracht hatten, und ihre respektvolle Scheu gegenüber den Kaisern waren verlorengegangen. Dieser Schock war es, was sich den Römern, ja der ganzen Welt, unvergeßlich eingeprägt hat.

Wikinger fuhren in ferne Länder, kamen als friedliche Fischer ...

W wie Wikinger: Viele lebten von Raub und Menschenhandel

Was wir über die Wikinger aus den Heldenliedern wissen, aus der nordischen Saga-Literatur, den norwegischen und isländischen Sögur und Skaldengedichten, das sind spätere Idealisierungen, erst lange nach der Wikingerzeit fixiert. In diesen Dichtungen und seither in der allgemeinen Vorstellung, die vor allem unter Deutschen verbreitet ist, leben die Wikinger als tapfere Helden, als edle Krieger und mutige Abenteurer, ehrgeizig und ehrbewußt, immer zum Kämpfen und freilich auch zum Töten bereit, doch kämpfen und töten sie in den Heldenliedern stets nur aus verletzter Ehre, die es im ehrlichen Kampf wiederherzustellen gilt. Mit wirklichen Wikingern, die in der Zeit vom 9. bis ins 11. Jahrhundert mit ihren schnellen, hochseetüchtigen, wendigen Schiffen die Meere und die Flüsse beherrschten, hat das wenig zu tun. In Wirklichkeit waren Wikinger weniger von Fernweh getriebene Abenteurer als brutale Seeräuber, Plünderer, Brandstifter und Menschenhändler.

Das gilt jedenfalls für einen großen Teil der Wikinger, vielleicht für die meisten. Von Skandinavien machten sie ihre Raubzüge nach England, Irland, Frankreich, um Spanien herum durchs Mittelmeer nach Italien. Im Norden, wo sie bei dem heutigen Schleswig ihren großen Hafen und Warenumschlagplatz Haithabu hatten, fuhren sie über die Ostsee nach Polen und Rußland, die Flüsse hinauf weit ins Land hinein. Ebenso machten sie es in Deutschland: sie fuhren den Rhein, die Weser, die Elbe und die Oder aufwärts, sie überfielen die Städte, raubten, brandschatzten, zerstörten.

Jahrhundertelang waren die »Salzwasserbanditen«, die »Hornissen«, die »schrecklichen Wölfe«, die »Nordmänner« in ganz Europa, das damals noch ungefestigt war, eine der schlimmsten Plagen. Um 860 schrieb ein Mönch auf der Klosterinsel Noirmoutier in der Loire-Mündung, die schon 35 Jahre zuvor von Wikingern geplündert worden war: »Die Zahl ihrer Schiffe nimmt zu. Der endlose Strom der Wikinger hört nie auf zu wachsen. Überall sind die Christen Opfer von Massakern, Brandstiftungen und Plünderungen, und niemand widersteht ihnen ... Eine Riesenflotte fährt die Seine aufwärts, und das Unglück nimmt überall zu. Paris, Beauvais und Meaux sind erobert, die starken Befestigungen von Melun sind völlig zerstört, Chartres erobert, Evreux und Bayeux geplündert und jede Stadt belagert.«

Sie traten immer sicherer auf, sie stellten Bedingungen, die auch erfüllt wurden. Nachdem sie im Jahre 845 Paris erobert hatten, zahlte Karl der Kahle ihnen 7000 Pfund Silber, damit sie wieder abzogen. Noch ein dutzendmal mußten die Franzosen solche Friedensgelder aufbringen, um wenigstens für kurze Zeit Ruhe zu haben. Das letzte »Danegeld« ist für 926 belegt.

Auch die Engländer konnten sich nur auf diese Weise vor weiteren Plünde-

oder als Eroberer . . .

rungen schützen. »Nie zuvor ist solch ein Schrecken über Britannien hereingebrochen, wie wir ihn nun von den Heiden erleiden mußten, und nie zuvor hat man gedacht, daß ein solcher Überfall von See her geschehen könnte ...«, schrieb der englische Gelehrte Alcuin dem König von Northumbrien schon um 800. Fast zwei Jahrhunderte später, 991, kam Olaf Tryggvason mit einer Flotte von 93 Schiffen, er besiegte die Engländer bei Maldon in Essex und erklärte: »Für Gold sind wir zum Waffenstillstand bereit.«

Zehntausend Pfund jährlich opferten die Engländer von da an. Aber der Frieden wurde rasch teurer. Im Jahr 1012 mußten bereits 48000 Pfund gezahlt werden. Die Wikinger, die auch deutsche Städte plünderten – 845 Hamburg, 881/82 Neuss, Köln, Bonn, Trier und andere –, waren unersättlich.

Es muß korrigierend hinzugefügt werden, daß von »den« Wikingern nur unter Vorbehalt gesprochen werden darf; »die« Wikinger hat es eigentlich nicht gegeben. Das heißt, es gab keine einheitliche, organisierte große geschlossene Volksgruppe; es gab über mehrere Jahrhunderte hinweg immer neue Gruppierungen, stets zur selben Zeit verschiedene Gruppen und Arten, un-

... und fast in der ganzen Welt tauschten sie Waren ein

terschiedlich auch in der Sprache und in ihren Zielen. Und innerhalb der Gruppen kam es zu Entwicklungen und Wandlungen. Viele wurden seßhaft, etwa in Irland, in der Normandie, in Süditalien, vorübergehend auf Grönland und sogar in Nordamerika. Viele traten zum Christentum über. Einige wurden romanisiert, bildeten Staaten. Und viele fuhren nur als Händler; sie handelten mit Pelzen, Häuten, Wetzsteinen, Walroßzähnen, mit Eisen und Speckstein, aus dem Töpfe gefertigt wurden, mit Weizen, Wollwaren, Zinn, Silber, Honig, mit Salz, Wein, Glaswaren, Waffen und Tuchen, eigentlich mit allem, was gebraucht wurde.

Aber auch dies klingt friedlicher, als es sich in der Praxis darstellte. Denn das Hauptgeschäft, mit dem sich die Gier nach Gold und Silber am leichtesten befriedigen ließ, bestand im Handel mit Menschen, mit Sklaven. Diese Menschen wurden unterwegs gefangen, vor allem in den Slawen-Gebieten östlich der Elbe. Verkauft wurden die Gefangenen an die Araber; die sehr viel kultivierteren und zivilisierteren Araber hatten einen enormen Bedarf an Sklaven, und sie besaßen sehr viel Silber. Haithabu war immer auch einer der größten Sklavenhandelsplätze Europas.

Die Akropolis von Athen. 480 v. Chr. von den Persern zerstört, wurde sie von den Griechen unter Verwendung des »Perserschutts« größer wieder aufgebaut

X

wie Xerxes: Fünf Millionen hätte er nicht mobil machen können

Die Übertreibung stammt von Herodot, dem »Vater der Geschichtsschreibung«. Er behauptete – und rechnete es sogar vor –, das Perserheer, mit dem Xerxes I. in Griechenland einfiel, 480/479 v. Chr., habe alles in allem (mit den Schiffsmannschaften, mit Fußvolk, Reiterei und Troß) aus »fünfhundertachtundzwanzigmal zehntausend und dreitausendzweihundertzwanzig«, also 5283220 Mann bestanden. Herodot konnte es sich leicht machen; er brauchte nicht anzugeben, woher er die einzelnen Zahlen hatte, aus denen er ein solches Riesenheer zusammenrechnete. Er gab sie einfach an. Die Absicht liegt allerdings auf der Hand: Er wollte die Siege der Griechen über die Perser bedeutender erscheinen lassen. Mit mehr als fünf Millionen Feinden fertig zu werden, das mußte schon etwas Besonderes gewesen sein.

Herodot aus Halikanassos – er lebte von 490 v. Chr. bis um 425/420, machte Reisen nach Ägypten, Mesopotamien, ans Schwarze Meer, nach Afrika, Sizilien und Italien, war längere Zeit in Athen ansässig, wo er mit Perikles und Sophokles in Verbindung stand – beschrieb in seinem neunbändigen Geschichtswerk die Auseinandersetzung der Griechen mit den »Barbaren« Asiens, den Persern, bis zu dem entscheidenden Sieg der Griechen in der Schlacht bei Mykale in Kleinasien im Jahr 479 v. Chr. Dieser Sieg brachte die Wende: Von da an waren die Griechen die Angreifer, nachdem sie zuvor immer nur in der Defensive gewesen waren. Die reichen und mächtigen Perser, die sehr kultiviert und keineswegs »barbarisch« waren, hatten im vorausgegangenen Jahrhundert die griechischen Stadtstaaten in Kleinasien ihrem Herrschaftsbereich eingegliedert. Dies hatte zur Folge, daß die Perser sich bald auch für die griechischen Inseln, ja für den ganzen Balkan interessierten. Vom Norden der Balkanhalbinsel drängten Thraker und Skythen nach Süden. Um sie zum Stehen zu bringen, unternahm der Perserkönig Darius einen Feldzug gegen Skythien. Diese Situation versuchten mehrere kleinasiatische Griechenstädte unter Führung der reichen Hafen- und Handelsstadt Milet zu nutzen, sich von der persischen Vorherrschaft zu befreien. Die Perser kämpften die Aufständischen nieder; Milet wurde völlig zerstört. Doch die Folgen jenes Aufstands gingen weiter: Die Perser hielten es jetzt für dringend geboten, ganz Griechenland zu erobern.

Bei dem ersten Angriffsfeldzug (492)

scheiterte die persische Flotte am Berg Athos. Bei ihrem zweiten Feldzug (490) gelang den Persern die Eroberung von Eretria, doch wurden sie bei Marathon von den Athenern zurückgeschlagen. Der dritte persische Angriff war jener Feldzug unter König Xerxes, bei dem die Perser angeblich mit 5 283 220 Mann anrückten.

Kein Zweifel besteht darüber, daß Xerxes den Feldzug sorgfältig vorbereitet hatte. Die Perser rückten gleichzeitig zur See und auf dem Land vor, so wie sie es schon bei ihrem ersten Feldzug getan hatten. Sie schlugen eine Brücke über den Hellespont, über die das Heer auf die Balkanhalbinsel und dann an der Küste entlang nach Westen und schließlich nach Süden zog, von der unter der Küste fahrenden Flotte geschützt und mit Nachschub versorgt. So stießen die Perser nach Mittelgriechenland vor. Sie am Paß der Thermopylen aufzuhalten, gelang nicht. Dort fiel König Leonidas mit 300 Spartanern. Athen zu verteidigen schien unmöglich; die Bevölkerung der Stadt und Attikas wurde nach Salamis und Aigina evakuiert. Die Perser besetzten Attika und plünderten und brandschatzten Athen.

Aber ihr Erfolg war nicht von Dauer. Es gelang der griechischen Flotte unter Themistokles, dem der Bau dieser Flotte zu danken war, der persischen Flotte bei Salamis eine empfindliche Niederlage beizubringen. Das zwang die Perser zur Änderung ihres ganzen Feldzugsplans. Xerxes machte sich mit einem großen Teil seines Heeres auf den Rückmarsch nach Hause. Einen Teil ließ er jedoch in Thessalien stehen, so daß die Gefahr für die Griechen noch keineswegs gebannt war. Dies änderte sich aber, als die Griechen bei Mykale in Kleinasien ein neu organisiertes Heer der Perser angriffen und es besiegten. Das Ergebnis dieses Sieges von 479 v. Chr. war, daß die Perser ihren Plan der Eroberung Griechenlands aufgaben.

Dies war also in groben Zügen das Schicksal der persischen Armee und Flotte unter Xerxes, nach Herodot das Schicksal von immerhin gut fünf Millionen Mann.

Diese Zahl hat der deutsche Historiker Hans Delbrück in seiner vierbändigen »Geschichte der Kriegskunst im Rahmen der politischen Geschichte« (Bd. I Altertum, 1911) kritisch unter die Lupe genommen. Er zog dabei die deutsche militärische Marschordnung der damaligen Zeit heran. Danach nahm ein Armeekorps (30000 Mann) ohne Fuhrpark eine Strecke von etwa drei Meilen ein. Und Delbrück hat ausgerechnet: »Die Marschkolonne der Perser wäre also 420 Meilen lang gewesen, und als die ersten vor Thermopylä ankamen, hätten die letzten gerade aus Susa jenseits des Tigris ausmarschieren können.« – Vielleicht wäre die Marschkolonne sogar noch länger gewesen, denn die Griechen hatten keine Straßen, so daß die Perser nicht so dicht aufmarschieren konnten wie neuzeitliche Soldaten.

Daß die von Herodot angegebenen gut fünf Millionen Mann stark übertrieben sind, läßt sich auch auf andere Weise verdeutlichen. Man schätzt, daß damals im ganzen Perserreich allenfalls zehn Millionen Menschen gelebt haben; mehr als die Hälfte von ihnen waren Frauen, Kinder und Greise. »Wir müssen uns klarmachen«, schrieb Delbrück, »und mit aller Bestimmtheit den Satz festhalten, daß es eine Selbsttäuschung ist, Zahlen wie den Herodoteischen Wert beizumessen.«

Aber man muß mit Zahlenangaben antiker Schriftsteller grundsätzlich vorsichtig sein. Auch die bei Ktesias-Diodor angegebene Stärke der Xerxes-Armee von »nur« 1,2 Millionen Mann ist noch viel zu hoch. Nach Delbrücks Berechnungen kam Xerxes mit allerhöchstens 45 000 bis 55 000 Kriegern und einem Troß von 100 000 bis 200 000 Mann nach Griechenland. Delbrück kommt zu dem Ergebnis, »daß die Zahlenangaben der Griechen gar keinen Glauben verdienen, auch nicht den allergeringsten«, und er folgert, »daß wir auch aus ihnen nicht entnehmen können, ob die numerische Überlegenheit auf Seiten der Griechen oder der Perser« war.

Basrelief: König Xerxes

Kaiser Karl V.

Y

wie Yuste:
Nicht ins Kloster hat Karl V. sich zurückgezogen

Es hat sich nun einmal festgesetzt, im allgemeinen Bewußtsein jedenfalls, obgleich es in vielen Biographien durchaus korrekt dargestellt ist: daß Karl V., als deutscher König und König von Spanien und römischer Kaiser der mächtigste Mann der Welt, in dessen Reich die Sonne nicht unterging, weil große Teile der Neuen Welt dazu gehörten, sich im Alter von erst 56 Jahren müde und enttäuscht ins Kloster Yuste zurückgezogen und da wie ein Mönch mit den Mönchen gelebt habe.

Reinhold Schneider (1903 bis 1958) hat mit seiner historischen Darstellung »Philipp II. oder Religion und Macht« (zuerst 1931, danach in zahlreichen Neuauflagen) viel zu diesem Bild beigetragen. Er beschrieb den Exkaiser, den Vater Philipps II., als »Büßer in seiner Zelle«, erzählte, wie »nachts in der Kammer die Geißel auf blutendes Fleisch klatschte«, schilderte, wie Karl, der in Yuste nur noch mit der Vorbereitung aufs ewige Leben im Jenseits befaßt gewesen sei, sich schon vor seinem Tod eine Totenmesse habe halten lassen: »Eines Tages, als er sich wohler fühlte als sonst, ordnete Karl die Totenfeiern für seine Eltern und für die Kaiserin an. Täglich erschien er in der Kirche hinter einem Pagen, der eine brennende Kerze trug. Während der Gebete verharrte er in tiefer Andacht neben dem Altar, ein armes, abgegriffenes Stundenbuch in der Hand. Als die Messen vorüber waren und er damit den letzten Dienst der Dankbarkeit getan hatte, rief er den Beichtvater zu sich: ›Scheint es Euch nicht gut, Bruder Juan, daß jetzt, nachdem die Messen für meine Eltern gelesen sind, auch die meine gehalten wird, damit ich sehe, was so bald für mich geschehen wird?‹ – Juan de Regla wollte ihn ablenken. – ›Meint Ihr nicht, daß dies meiner Seele nützen könnte?‹ beharrte Karl. – ›Doch, Herr.‹ – ›Gut, so laßt alles vorbereiten und beginnt bald.‹ Vor dem Altar, im Kreis brennender Lichter, stand der Sarg. In tiefer Trauerkleidung ließ sich der Kaiser hereinführen; alle seine Diener folgten ihm in Schwarz. Die Messe begann. In der Halle erwachte Schluchzen, das zu heftigem Weinen wurde. Der Kaiser sah fest auf den verhüllten Schrein, der ihn, den Lebendigen, umschloß. Schweigsam, unter den Gesängen und dem sich verbrauchenden Licht lag er selbst, seines Daseins schon völlig entäußert und diesem Leben als ein Vorausgeschrittener entrückt in die grundlose Nacht. Er, ein wesenloser Schatten, betete für diesen Toten, dankte Gott für die Gnaden, die er ihm erwiesen hatte, weinte um ihn und sein Schicksal. Am Ende gab er dem Priester seine Kerze, wie jener Tote Gott seine Seele übergeben hatte. Der Tote allein blieb wirklich und wahr; die Gestalt, die sich endlich von seinem Sarge trennte wie Rauch vom Feuer, war ein Trugbild, ein Mensch, ein Nichts ...«

Schneider hat sich bei dieser Beschreibung eng an eine Darstellung von William Robertson (1721 bis 1793) angelehnt. Auf den schottischen Geistlichen und Geschichtsschreiber Robertson gehen alle Darstellungen jener angeblichen Totenmesse mit dem noch lebenden Kaiser zurück. Sie kommt auch in modernen Biographien noch vor, obgleich in zeitgenössischen Quellen (Aufzeichnungen des kaiserlichen Majordomus, des Sekretärs und des Leibarztes) von ihr nirgends berichtet wird. Manche Biographen malten sie noch weiter aus, als Robertson es schon getan hatte, indem sie bei jener »Übungs-Totenmesse« den Exkaiser sogar in seinem Sarg liegen und da laut mitsingen ließen. Mit der historischen Wirklichkeit hat dies alles wenig zu tun.

In Wahrheit hat Karl nach seiner Abdankung, zu der ihn wirklich Enttäuschung, aber auch sein schlechter Gesundheitszustand veranlaßt hatten, gar nicht im Kloster San Jerónimo de Yuste (gegründet 1404, in der spanischen Provinz Cáceres, am Rand der fruchtbaren Landschaft La Vera) gewohnt, sondern in einer neben dem Kloster für ihn gebauten Villa. Er hat auch nie Mönchskleidung getragen; er war ja kein Mönch. Zwar wollte er sich dort zur Ruhe setzen und sein Leben auf Gott wohlgefällige Art ausklingen lassen, aber dies nur als Nachbar der Mönche, um an ihren wichtigsten Gottesdiensten teilnehmen zu können. Aber er lebte da als Privatmann.

Seine Villa, die sich direkt an die Klosterkirche anlehnte, nach der anderen Seite aber einen großen Garten hatte und einen weiten Blick ins Land, ist oft als »klösterlich karg« beschrieben worden. Es war freilich kein Palast, aber Karl lebte da auch nicht etwa in einer Zelle. Karl hatte für sich mehrere große Räume zum Wohnen, Schlafen und Arbeiten, jeder etwa 6 mal 8 Meter groß, dazu zwei gedeckte Balkone. Sie waren nicht üppig, aber schön eingerichtet, mit flandrischen Gobelins, Orientteppichen, Möbeln aus Nußbaum und mehreren Bildern seines Hofmalers Tizian. Alle Räume hatten – entgegen der Landessitte – Kamine, waren also heizbar.

Den Garten ließ er nach seinem Geschmack anlegen, mit vielen Blumen, mit Springbrunnen, Orangenbäumen, Nuß- und Kastanienbäumen, Zypressen, Faulbeer-, Mandel- und Feigenbüschen. Dies alles ließ man später verwahrlosen, auch das Haus. Das Kloster wurde 1809, als die Franzosen kamen, niedergebrannt. Später wurde es wieder aufgebaut, ziemlich notdürftig, und eine Zeitlang wohnten die Mönche auch im ehemaligen Kaiserhaus.

Es stimmt auch nicht, daß Karl hier bei dem Kloster Yuste von der Welt völlig abgeschlossen gelebt habe. Oft kamen Besucher. Und sein Sohn Philipp und seine Tochter Juana, die in Valladolid als Statthalterin ihres Bruders regierte, haben ihn noch oft um Rat gefragt. Karl hatte übrigens auch nicht nur zwölf Bedienstete, wie oft behauptet wird, sondern ein Gefolge von fünfzig Mann. Und er nahm noch Anteil an den Staatsgeschäften, und seltsamerweise unterzeichnete er immer noch als der Kaiser. Auch seine Eßgewohnheiten hat Karl in diesen letzten anderthalb Jahren seines Lebens nicht geändert. Trotz ständiger Warnungen seiner Ärzte hat er immer zuviel gegessen, mit unbezähmbarer Gier und ohne Rücksicht auf die Folgen. Früh litt er an Gicht. Auch an Malaria. Er aß stets große Mengen Fleisch und trank viel Wein. Weil er seinen Heißhunger nie zügeln konnte, war Karl durch einen päpstlichen Dispens von der Pflicht befreit, vor der Kommunion fasten zu müssen. Gestorben ist er an Malaria, am 21. September 1558 in seiner Villa, im Alter von 58 Jahren.

1.
2.
3
4
5.
6.
7.
8.
9
10
11.
12.
13.
14.
15.
16.
17.
18.
19.
20
21.
22.
23.
24
25.
26.
27.

Z

wie Zahnersatz: Schon Etrusker und Römer machten Brücken

Was in unserer Zeit ganz selbstverständlich zu sein scheint, nämlich daß fehlende Zähne durch künstliche, ja ganze Gebisse durch Prothesen ersetzt werden können, das war noch im vorigen Jahrhundert ein ungelöstes Problem. Und wer sich an Goethes »Mann von 50 Jahren« erinnert, der seine Heiratsabsichten aufgab, als er einen Schneidezahn verlor, der wird vielleicht zu dem Schluß kommen, daß in noch früheren Zeiten an Zahnersatz überhaupt nicht zu denken gewesen sei. Aber dieser Schluß wäre falsch. In Wahrheit waren schon Etrusker und Römer Meister im Anfertigen von Zahnersatz.

In der langen Zwischenzeit aber gingen ihr Wissen und Können verloren. Wahrscheinlich war die von ihnen beherrschte Technik plötzlich nicht mehr gefragt, weil christliche Lehren das Diesseits als leeren Schein und den Körper als Gefängnis des Geistes abtaten, von dem die gefangene Seele je eher desto besser befreit sein sollte zu einem ewigen Leben bei Gott. Da wären künstliche Zähne als Teufelswerk gewertet worden, als Lug und Trug, als ein Blendwerk überdies, das allenfalls sehr reichen Leuten zugänglich gewesen wäre.

Letzteres galt auch noch zur Goethe-Zeit. Auch da konnten (oder wollten) sich nur wenige Leute künstliche Zähne leisten. Daß so etwas nicht allein höchst kostspielig, sondern meistens mit Enttäuschung und Ärger verbunden war,

---

Nebenstehende Tafel: Fundstücke aus etruskischen Gräbern

1 und 6 Schwerter
2 und 5 Helme
4, 16, 17, 20, 22 und 25: Schmuckgegenstände
7, 12, 14: Beinschienen
8 Fibel
9 kämpfender Krieger
10 Bauer
11 Rasiermesser
13 Metallspiegel
15 Dreifuß
18 Dreifuß
21 Dolch
23 Wärmeofen
24 Ficoronische Cista
26 Lanzenspitze
27 Gladiatorenhelm

Wie die Etrusker, von denen die Römer sehr vieles übernahmen,...

ist von George Washington bekannt, dem ersten Präsidenten der Vereinigten Staaten. Der vor allem durch Bodenspekulation schwerreich gewordene Washington war 66 Jahre alt, als ihm seine künstlichen Zähne, ein aus den Zähnen eines Nilpferdes gefertigtes Gebiß, Kummer machten. Sie hatten ihr ursprüngliches Weiß verloren und wurden fast schwarz. Washington, zu der Zeit (1798) nicht mehr im Amt, wollte den Grund wissen, wollte vielleicht gar reklamieren. Jedenfalls schickte er das Gebiß dem Zahnarzt, der es ihm gemacht hatte. Die schriftliche Antwort des Zahnarztes ist erhalten:

»Sir: ich sende Ihnen beiliegend zwei Sätze von Zähnen, einen zum Teil an den alten Stangen befestigt, und den Satz, den Sie mir geschickt haben, der, als ich ihn erhielt, sehr schwarz war, wahrscheinlich weil Sie ihn entweder mit Portwein getränkt oder weil Sie Portwein getrunken haben. Portwein ist sauer, nimmt alle Politur weg, und jede Säure hat die Neigung, alle Arten von Zähnen und Knochen aufzuweichen. Säure wird bei der Färbung jeder Art von Elfenbein benutzt und ist daher sehr schädlich für die Zähne. Ich rate Ihnen, sie entweder nach dem Essen herauszunehmen, sie in klares Wasser

... lebten, wie sie kämpften, sich kleideten, ...

zu stellen und einen anderen Satz einzusetzen, oder sie mit einer Bürste und etwas fein gemahlenem Kalk zu reinigen ...«

Daß viele Jahrhunderte zuvor schon die alten Römer solche Sorgen hatten, geht aus Versen des Dichters Martial (1. Jh.) hervor: »Thais Zähne sind schwarz, schneeweiß Laecanias Zähne. Wie das kommt? Eins sind eigene, die anderen gekauft.« Wie ein anderer Vers Martials zeigt, konnte es sich bei »gekauften« Zähnen um ganze Gebisse oder doch um Teilprothesen handeln: »Und zur Nacht legst du deine Zähne beiseite wie dein seidenes Kleid.« Jahrzehnte vor Martial beschrieb der Dichter Horaz zwei Witwen, die so schnell gelaufen seien, daß eine dabei ihr Gebiß verlor. Ja, bereits das im 5. vorchristlichen Jahrhundert entstandene Zwölftafelgesetz, die älteste überlieferte römische Gesetzgebung, erlaubt die Vermutung, daß Zahnersatz keine Seltenheit gewesen sein kann. Da gab es nämlich das Verbot, Toten bei der Bestattung Gold mit ins Grab zu geben, doch wurde hinzugefügt, daß sie das Gold ihrer künstlichen Zähne behalten durften.

Dabei konnte es sich um Zähne aus Gold handeln oder – wie archäologische Funde beweisen – um Schlaufen aus goldenen Drähten oder flachen Bändern, mit denen künstliche Zähne aus Elfenbein zwischen noch vorhandenen Zähnen gehalten wurden. Ganze Brükken aus drei bis vier Kunstzähnen wurden auf diese Weise fest mit dem gewachsenen Gebiß verbunden oder so gearbeitet, daß sie herausnehmbar waren. Die Funde stammen aus etruskischen Gräbern. Die Etrusker waren in der Herstellung von Zahnersatz ganz besonders geschickt. Von ihnen haben die Römer diese Technik – wie so vieles andere ja auch – übernommen. Aber die Geschicklichkeit der Etrusker in der Anfertigung von Gebißpartien wurde weder von ihnen noch von Griechen und Phöniziern erreicht, schreibt Joachim Zahn in seinem Buch »Nichts Neues mehr seit Babylon« (1979).

Nicht nur der Bedarf an Zahnersatz bei Etruskern und Römern und schon bei den Ägyptern – auch in einem Grab aus der IV. Dynastie wurden durch Golddraht verbundene künstliche Zähne gefunden – beweist, daß Karies und andere Zahnerkrankungen keineswegs eine Folge der modernen Zivilisation sind, sondern den Menschen schon vor Jahrtausenden zu schaffen machten. Noch deutlicher macht dies der Befund der erhaltenen natürlichen Zähne, etwa bei den Mumien. Karies, auch Abszesse an Zahnwurzeln waren weit verbreitet. Schon die Ägypter, bei denen es ja für die verschiedensten Krankheiten besondere Fachärzte gab, hatten Spezialisten, die sich nur mit der Behandlung von Zahnkrankheiten befaßten. Sie wußten Mittel, um locker gewordene Zähne wieder zu festigen. Und hohle Zähne versahen sie mit Füllungen aus Gemischen von Ocker, Steinmehl (»Abgeriebenes von Mühlsteinen«), Samenkorn des Emmer, Malachit, Terebinthenharz und Honig.

... das haben sie in ihren Gräbern dargestellt